Mary Bray

Sieben Schritte zu deinem Idealgewicht

Ein spiritueller Weg zu Gesundheit und Wohlergehen

Verlag Via Nova

Mary Bray

Sieben Schritte zu deinem Idealgewicht

Ein spiritueller Weg
zu Gesundheit und Wohlergehen

Verlag Via Nova

Übersetzung aus dem Amerikanischen:
Viola Löbig

Herausgeberin:
Jana Branch, USA

1. Auflage 2000
Verlag Via Nova, Neißer Straße 9, 36100 Petersberg
Telefon und Fax: (06 61) 6 29 73
Internet:
www.verlag-vianova.de
www.transpersonal.com
Satz: typo-service kliem, 97647 Neustädtles
Druck und Verarbeitung: Rindt-Druck, 36037 Fulda

ISBN 3-928632-67-1

Widmung

Ich widme dieses Buch
dir und deinen unermeßlichen Möglichkeiten,
meiner Mutter und Ruth

Du bist, was dein tiefster,
dich anspornender Wunsch ist.
Und wie dein Wunsch, so ist dein Wille,
und wie dein Wille, so dein Handeln,
und wie dein Handeln,
so ist auch dein Schicksal.
Brihadaranyaka Upanishad IV.4.5

Meine Mutter hat immer die Macht unendlicher, bedingungsloser
Liebe in mein Herz gelenkt und mir eine Kraft gegeben, die alles
Verstehen übersteigt.

Niemand schreibt ein Buch allein aus sich heraus. Es kommt durch
Gnade und durch Menschen wie Ruth, die Gott schickt, es zu empfangen.

Danksagung

Ich bin zutiefst für die Anregung dankbar, die ich von meinem Freund Deepak Chopra erhalten habe. Auch ich gehe durch das Leben und erfülle Schritt für Schritt meine Bedürfnisse und Sehnsüchte. Dabei war Deepak mein Führer. Meine anderen Weggenossen kenne ich nur aus der Lektüre ihrer tiefen Botschaften; auf einige wenige verweise ich in der Bibliographie am Ende des Buchs.

Ich danke meinem Verleger Werner Vogel dafür, daß er einen Blick in höhere Sphären geworfen hat und weiß, daß dieses Buch eine Botschaft enthält, die das Leben anderer Menschen verändern wird, unabhängig davon, welchen eigenen, ganz persönlichen Weg ein jeder gehen wird.

Dank auch an Ruth, die mich buchstäblich durch die stürmischen Zeiten trug. Ohne sie hätte ich dieses Buch nicht schreiben können. Ich hatte den Mut und sie den Elan, sich um die Dinge des Alltags zu kümmern, so daß ich schreiben konnte.

Dank an meine Mutter, die am Leben blieb (und 97 Jahre wurde), um zu erleben, daß dieses Buch zustande kam.

Joan Baryschenko, Dir danke ich für Deinen Entwicklungsprozeß, der meinen auslöste. Meine Söhne haben mich immer wieder ermutigt weiterzumachen, und ihre Frauen zeigten mit ihr Verständnis, wenn Zweifel oder Angst über mich kamen.

Dasselbe gilt für meinen Schweizer Ersatzsohn Marco, der Hunderte von Büchern hin- und zurücktransportierte. Ich danke Dir von ganzem Herzen. Mein Dank gilt auch Jana, die alles, was ich aus einem tieferen Wissen heraus schreibe, immer wieder liest und verändert. Du bist mir ein wahrer Segen! Und Dank meiner ganzen ausgedehnten Familie!

Inhaltsverzeichnis

Einführung

In diesem Buch dreht sich alles um Verwandlung – um deine Verwandlung. Schon oft hast du abzunehmen versucht, und vielleicht dämmert es dir mittlerweile, daß der Vorgang des Abnehmens nichts mit einer Schlankheitskur zu tun hat. Nahrungsmittel sind nicht die einzige Ursache deines Übergewichts. Du hast zu viel und du hast zu wenig gegessen. In der Hoffnung, du könntest dir etwas von außen her zuführen, mittels dessen du dich in deiner Haut wohlfühlen würdest, hast du Pülverchen und Pillen geschluckt. Dünner zu werden hat deine Zeit und deine Energie in Anspruch genommen, und du warst dir selbst gegenüber negativ eingestellt. Daraus entwickelte sich eine Zwangsvorstellung, eine Sucht. Du hast alle möglichen Diäten ausprobiert, nur um stets und immer wieder festzustellen, daß keine davon eine Wirkung zeigt.

Ich weiß, was für ein schrecklicher Kampf das ist, denn ich selbst war auch einmal fett! Nenne mir nur ein Nahrungsmittel, und ich weiß, wie viele Kalorien es enthält. Ich war besessen, süchtig und unglücklich. Ich haßte mich selbst. Was ich nicht wußte, war, daß ich mehr suchte als Schlankheit. Ich suchte Liebe, Selbstwertgefühl und Anerkennung. Ich wollte aus dem Gefängnis entfliehen, in das ich mich selbst eingesperrt hatte. Vom spirituellen Standpunkt gesehen hatte ich den Glauben an mich selbst, an Gott und daran, daß mir geholfen werden würde, verloren. Ich wußte, daß ich alleine nicht mehr weiterkommen konnte. Innerlich schrie ich um Hilfe! Ich hatte keine Kraft mehr – oder glaubte es zumindest. War ich fett, weil ich mich selbst aufgegeben hatte, oder hatte ich mich selbst aufgegeben, weil ich fett war? Wieso benutzte ich das Essen als Ersatz für das, was ich nicht haben zu können glaubte, für das, was ich nicht sein konnte?

Ich glaube, wir alle können wieder mit unserem irgendwo unter diesen Fettpolstern verborgenen Selbstvertrauen und unserem Selbstwertgefühl in Verbindung treten und dadurch einen schönen Körper aufbauen, der nicht nur schlank ist, sondern auch aus dem Inneren heraus strahlt. Einen Körper voller Geist, voller Lichtenergie, voller Liebe!

Das von mir in diesem Buch angebotene Lernprogramm besteht nur zum Teil aus der Ernährung. Dieses Buch ist nicht dogmatisch. Es ist undogmatisch. Es hat weder Lebensmittel noch das Essen zum Inhalt.

Es sind nicht unsere schlechten Ernährungsgewohnheiten, von denen unser Übergewicht herrührt. Es sind die negativen Gedanken, die wir über uns selbst und andere gehegt und die uns das Leben schwer gemacht haben. Wenn wir uns mit der Vergangenheit aussöhnen, unsere negativen Gedanken und unsere Bitterkeit loslassen, uns selbst und anderen nicht mehr die Schuld zuschieben, dann lassen wir auch unser Fett los. Wir werden eine Diät des Vergebens machen. Wir werden negative Gedanken wegfasten. Während wir uns von dem drückenden Gewicht auf unserem Herzen befreien, beginnen wir eine Leichtigkeit des Seins zu entwickeln. Mit Freude erleben wir, wie unsere Seele Auftrieb bekommt. Wenn wir unseren Geist verwandeln, wandelt sich auch unser Körper.

Der Groll aus der Vergangenheit entzog uns Energie. Wir können diese Bitterkeit ablegen und neue Energie in der Gegenwart freisetzen, in der wir uns jetzt befinden. Die neue Energie erfüllt tief in unserem Körper unser Herz mit Liebe. Wir werden durch unsere eigene spirituelle Heilung von den Schlägen geheilt, die wir uns durch Bestrafung und Schuld selbst versetzt haben. Sind wir vom Negativen befreit, werden wir auch davon befreit sein, zur Tarnung unserer Angst- und Trauergefühle zuviel zu essen.

Wir verabschieden uns vom Selbstmitleid, dem Haß auf uns selbst und vom Gefühl der Hilflosigkeit. Wir werden herausfinden, welcher Hunger uns tatsächlich dazu antreibt, den Kühlschrank zu plündern, ohne zufrieden zu sein. Wir stellen uns der Angst, die die Fähigkeit blockiert hat, uns selbst zu lieben.

Wir werden uns befreien! Dies ist eine spirituelle, persönliche und gesellschaftliche Befreiung. Haben wir erst einmal unser wahres Selbst gefunden, können wir auch anderen helfen, die genauso enttäuscht sind. Wenn wir Liebe geben und für andere da sind, wirkt das auf uns selbst zurück und stärkt unsere neu gewonnene Selbstliebe.

Wir überwinden alte Grenzen aus der Vergangenheit genauso, wie wir Brot abbrechen und es essen. Wir sind nicht machtlos. Nur die Vergangenheit, unsere ehemalige Handlungsweise, unser früheres Denken, sind machtlos!

Wenn wir uns von der Vergangenheit freimachen, steht die Angst unserer Zukunft nicht mehr im Weg. Unsere Ängste bestehen aus Erinnerungen an Fehlschläge, die jetzt der Vergangenheit angehören. In der Kraft und dem Frieden eines jeden Augenblicks setzen wir unser vollkommenes Potential frei. Das Vergeben setzt Energie im Hier und Jetzt frei, und im Hier und Jetzt bauen wir unseren Körper so um, daß er sich in einem perfekten Gesundheitszustand befindet. In der Vergangenheit haben wir uns selbst getötet, und jetzt verlieben wir uns wieder in das Leben.

Dieses Buch ist nicht nur ein Buch, das deinen Körper verwandeln soll. Es ist ein Buch zur Verwandlung deines Geistes! Durch das Vergeben gelangen wir wieder in den Zustand der bedingungslosen Liebe! Durch sie gelangen wir wieder zu unserem wahren Wesen zurück. Seit dem Tag, als wir auf dieser Erde geboren wurden, sind wir Liebe. Gott ist Liebe! Dies ist eine Fastenkur des Geistes, denn wenn wir voll der Liebe sind, sind wir auch schön in Körper und Geist. Um einen schönen Körper zu bekommen, richten wir unser Selbstwertgefühl wieder auf. Wir horchen in unsere Herzen hinein, um unseren Sinn, unsere Bestimmung, unsere Kreativität und unsere Vitalität zu finden. Für uns bedeutet das ein neues Erwachen aus dem Leid, damit wir neue Samen der Weisheit säen, an unserer inneren Schönheit festhalten und sie in unserem ganzen Körper aufleuchten lassen können. Wenn wir in dieser neu gefundenen Freiheit erstrahlen und uns selbst akzeptieren, beginnt das Gewicht von uns abzugleiten. Wir unternehmen eine Vergnügungsreise!

1. Schritt

Verliebe dich in deine unendlichen Möglichkeiten

Denk zurück an die Zeit, als du zum letzten Mal verliebt warst. Die übergroße Aufregung, die Vorfreude, die Zärtlichkeit, das Vertrauen und das Staunen. Es gibt nichts Vergleichbares. Angesichts der Wärme neuer Hoffnung schmilzt die Verzweiflung dahin. Nähert sich dein Herz dem Objekt deiner Sympathie, weichen Mißtrauen und Angst der Offenheit. Es ist alles möglich. Alle Träume können wahr werden. Du kannst alles erreichen!

Dieser Geisteszustand ist der Beginn einer Veränderung: Er ist derjenige Seinszustand, zu dem du gelangen kannst und der dir dabei helfen wird, dein Idealgewicht zu erreichen und dein ideales Selbst zu verwirklichen. Die meisten von uns erleben das Glück der Liebe nur dann, wenn sie sich in einen anderen Menschen verlieben. Was wäre aber, wenn ich dir erzählen würde, daß du dich in dich selbst verlieben kannst? Du kannst dich in dein neues Selbst verlieben, das besser aussieht, sich besser fühlt und an eine bessere Zukunft glaubt. Indem du dich selbst liebst, entdeckst du, daß du von Natur aus perfekt und einzigartig bist.

Indem du deine einzigartigen körperlichen, emotionalen und geistigen Anteile entdeckst, kannst du es lernen, deine Einzigartigkeit zu enthüllen und ihr gemäß zu leben, anstatt dagegen anzukämpfen. Dies geschieht, indem wir ein Verständnis entwickeln für

- unsere physischen Anteile (Ernährung, Bewegung, unseren Sinnen Beachtung schenken),
- unsere geistigen Anteile (Emotionen, Gewohnheiten, Veränderungen akzeptieren),
- unsere spirituellen Anteile (Liebe wieder entdecken und unsere Wünsche lokalisieren), und indem wir
- verstehen, wie diese in unendlichen Möglichkeiten untereinander in wechselseitiger Beziehung stehen.

Aus der Vertrautheit mit dem Selbst entsteht echte Heilung. Mit dem Selbst vertraut zu sein ist der Weg zur Selbstliebe. Der Pfad zur Liebe räumt mit dem Irrglauben auf, daß etwas „da draußen" sei, das dir etwas geben oder nehmen könne, was dir noch nicht gehört. Wenn du wahre Liebe findest, findest du dich selbst. Du stellst fest, daß du, deine Träume und deine Wünsche akzeptiert werden. Bei den Wünschen, die du in deinem tiefsten Herzen hegst, geht es nicht um das Essen. Die Zusammenstellung der Nahrungsmittel ist wichtig, sie ist aber nicht die einzige Etappe auf dem Weg zum Idealgewicht.

Ich möchte dich etwas fragen: Bist du bereit abzunehmen? Bist du bereit, diese zusätzlichen Kilos, die du seit 10, 20, 30, 40 Jahren mit dir herumgetragen hast, loszuwerden? Bist du bereit, dein Herz zu öffnen und dich selbst anders zu betrachten? Bist du bereit, tief in dich zu gehen und deine vergessenen Träume wieder zu entdecken? Bist du bereit, dich an das zu erinnern, was du immer sein wolltest, und dann nach dieser Vision in dir selbst zu greifen? Das heißt nichts weniger, als dich in dich selbst und in deine grenzenlosen Möglichkeiten zu verlieben. Bist du bereit?

Hungrig – nach Liebe

Warum wollen wir unser Idealgewicht erreichen? Wonach suchen wir?

„Attraktiv sein" ist etwas, das viele Menschen als Grund für eine Gewichtsreduktion angeben. Was aber heißt das? Wir wollen „begehrenswert" sein. Für wen wollen wir „begehrenswert" sein? Wer soll uns begehren? Von wem hoffen wir, daß er uns als begehrenswert betrachtet?

Was bedeutet es, begehrenswert zu sein? Einem Fremden gegenüber? Einem Partner oder jemand anderem gegenüber, der uns wichtig ist? Wie ist das für dich? Bist du stolz darauf? Glaubst du, von dieser Person akzeptiert zu werden? Glaubst du, daß diese Person wirklich erkannt hat, wer du bist?

In unserem Kulturkreis wird uns vermittelt, daß die Attraktivität aus körperlicher Schönheit und Jugend bestünde. Wenn das aber schon ausreichen würde, um begehrenswert zu sein, wieso wollen dann so viele wundervolle menschliche Beziehungen nicht in diese Schublade passen? Zweifelsohne gehört zur Attraktivität mehr als nur der Hüftumfang.

Ich betrachte das Geheimnis der Anziehungskraft immer als etwas, was ich mit „Funken" umschreibe. Es gibt einige Menschen auf der Welt, zu denen wir uns ohne offensichtlichen Grund hingezogen fühlen. Wir kennen sie nicht, aber wenn wir sie sehen, wünschen wir uns, es wäre so. Wir treffen jemanden, und wenn wir uns fünf Minuten mit ihr oder ihm unterhalten haben, scheint es, als hätten wir diesen Menschen schon ein ganzes Leben gekannt. Aus solchen Begegnungen können tiefe Freundschaften, eine Romanze oder vielleicht eine lebenslange Partnerschaft entstehen. Möglicherweise aber gehen auch zwei Menschen wie im Dunkeln aneinander vorbei, erinnern sich gegenseitig aber noch lange Jahre später daran. Bei diesen Funken handelt es sich um die Funken göttlicher Liebe, sie ziehen einander auf eine einzigartige und unbeschreibliche Art und Weise an.

Menschen, die durch ihre Überzeugung und in ihren Taten Liebe verkörpern, versprühen Funken der Liebe. Wie verkörpern wir Liebe? Die Nahrung vermag es nicht, Geschenke vermögen es nicht. Auch die Jagd nach einer Beziehung kann es nicht. Es geschieht, wenn wir die zwischen uns und unserem göttlichen Selbst stehenden Ängste abstreifen. Wenn wir die zwischen uns und anderen Menschen stehende Fassade überwinden. Wenn wir der Vorstellung folgen, daß wir liebenswert sind, dann können wir auch lieben; wenn wir den Mut aufbringen, unvoreingenommen wir selbst zu sein, können wir uns mit anderen Menschen auf echte Art und Weise verbinden, durch die Funken des Göttlichen sprühen.

Unser Übergewicht ist ein Hinweis darauf, daß uns die Verbindung zu den göttlichen Funken verlorengegangen ist. Wir sind mit jeder Zelle aus dem Gleichgewicht geraten. Um einen neuen Körper zu erhalten, müssen wir zu jenen Funken zurückkehren, zur bedingungslosen Liebe und zum Staunen, die wir als Kinder gespürt haben. Diese neuen Betrachtungsweisen werden die Keimzelle unserer neuen Antworten darstellen. Durch Gedanken und Gefühle können wir unseren Körper verändern.

Wir können unsere Einstellung zur Nahrung verändern, wenn wir diese liebevollen Funken spüren. Wenn wir es gelernt haben, unsere

Hungerqualen zu befriedigen, und wissen, um was es bei diesem Hunger wirklich geht, können wir einen Anfang machen und Nahrungsmittel als das benutzen, wofür sie vorgesehen sind: um den körperlichen Hunger zu stillen.

„Worauf habe ich tatsächlich Hunger?"

„Was fühle ich im Augenblick?"

„Was brauche ich in diesem Augenblick?"

Wir haben einen leidenschaftlichen Appetit auf das Leben, nur wissen wir nicht, was wir zur Befriedigung unseres unstillbaren Verlangens nach Ganzheit tatsächlich brauchen.

Indem wir zurückfinden zu Selbstliebe und uns selbst akzeptieren, sind wir in der Lage, unser körperliches wie auch unser seelisches Übergewicht abzustreifen. Im wahrsten Sinne des Wortes reduzieren wir unser Übergewicht und unsere Kette aus Selbstkritik, also all diejenigen Gefühle, die uns sagen, daß wir „nicht gut genug" seien.

Wir sind ausgehungert nach innerem Frieden und einer tieferen Verbindung mit uns selbst und dem Universum. Wir verlangen nach Freude und Gelassenheit. Indem wir lernen, uns „Nahrung für den Geist" zuzuführen, lernen wir auch, Nahrungsmittel für den Körper in einem neuen Licht zu betrachten. Wir können lernen, das Gefühl absoluten Wohlbefindens anzunehmen. Wie bewerkstelligen wir das? Indem wir ein tieferes Bewußtsein für die Abläufe auf der emotionalen, strukturellen und zellularen Ebene erlangen, so daß Geist, Körper und Seele harmonisch miteinander funktionieren können.

Du bist da, weil du auf der Suche bist. Du hoffst, etwas zu finden, das dir noch nicht gehört. Aber wonach suchst du? Nach dem Geheimnis des Abnehmens? Ist es ein besonderes Wissen, durch das du dieses Gespür für körperliche Harmonie findest, nach der du wahrscheinlich schon eine ganze Weile gesucht hast? Vielleicht suchst du den Rückhalt einer Gruppe, damit du diejenige Lebensweise in die Tat umsetzen kannst, mit der du – und das fühlst du schon eine ganze Weile – dein Idealgewicht erreichen kannst.

Wir suchen, weil wir Bedürfnisse haben. Wir haben Wünsche. Ich brauche. Ich will. Ich habe Hunger. In unserem Körper und unserer Seele existiert Sehnsucht. Wir wollen mehr. Aber mehr wovon? Vielleicht wollen wir mehr essen, aber es hat sich gezeigt, daß sich dadurch der Hunger nicht wirklich stillen läßt. Hast du jemals vor der offenen Kühlschranktür gestanden und dich gefragt: „Was will ich?" Der Kühlschrank ist voll, aber du spürst, daß das, was du willst, nicht darin ist. Es findet sich nicht in deinem Äußeren. Du bist es. Kann es denn sein, daß wir mehr von uns selbst wollen?

Nahrung ist eine verblüffende Substanz. Ohne sie können wir nicht leben, und einige unter uns haben die Erfahrungen gemacht, daß wir nicht wissen, wie wir mit ihr leben sollen! Nach einer reichhaltigen Mahlzeit mag es sein, daß wir absolut zufrieden sind oder aber uns deprimiert und leer fühlen. Was geht da vor? Ist es das Essen? Oder liegt es an unserem Verhältnis dazu? Ist es das, was die Nahrung mit uns macht, oder sind es unsere auf das Essen gerichteten Gedanken?

Gehen wir näher auf die Sache ein, und ich frage noch einmal: Wonach suchen wir alle? Von deinem Idealgewicht einmal abgesehen – was willst du für deinen Körper erreichen? Was willst du im Hinblick auf deinen Geist? Deine Seele? Was willst du von anderen Menschen? Was willst du wirklich für dich?

Wenn wir unser Herz befragen, durchströmt unseren Körper ein subtiles Gefühl des Einssein mit uns selbst. Es ist mehr als ein Gefühl. Es ist ein Wissen. Es ist auch ein Lernvorgang. Ich kann hier in meinem eigenen Herzen existieren und den Frieden spüren. Dieser Frieden wandelt alles Verstehen in Wissen um. Dieses Wissen stammt aus einer Quelle, die jetzt tatsächlich im Körper vorhanden ist und nicht in unserer Vorstellung.

Diese Kenntnis kommt in unserem Wissen zum Ausdruck, daß die Natur sich in jedem Jahr und zu jeder Jahreszeit entfaltet und sich in der Harmonie mit jedem lebenden Tier, jedem Menschen und jeder Pflanze enthüllt. Wir stellen das nicht einmal in Frage, wir wissen es einfach. Dieses friedvolle Wissen besteht aus dem Gefühl, daß es immer so war und immer so sein wird. Wir können darauf bauen. Wenn wir zur Ruhe kommen, wissen wir das, und wir alle kennen die kurzen Einblicke, in denen wir über das wunderbare Universum staunen. Ein Bewußtsein für den Geist, für etwas oder jemand, eine Quelle oder Kraft erfüllt uns, die unsere Welt sogar dann noch durchströmt, wenn wir schlafen. Wir vertrauen ihr genauso, wie wir als Säuglinge ein Vertrauen in die starken Arme hatten, die uns trugen. Gibt es eine lenkende Kraft, die unser Schicksal und uns selbst durchströmt und organisiert? Ich bin zu der Überzeugung gekommen, daß dem so ist.

Wenn wir voller Ehrfurcht und Respekt den Ablauf der Jahreszeiten und die Entwicklung eines Kindes beobachten oder eine tiefe Freundschaft erleben, dann empfinden wir nichts als Liebe, denn dieses Bewußtsein kommt der Harmonie und Erfüllung gleich. Nur dann, wenn wir uns diesem Bewußtsein verschließen und an uns selbst zu zweifeln beginnen, ändert sich unser Seinszustand. Dieses höhere Bewußtsein wird uns durch unsere Bemühungen deutlich. Ein bewußtes Erleben vertieft dieses starke Gefühl der Liebe, weil all das wächst, auf das wir unsere Aufmerksamkeit richten. Ein Einblick in die Vollkommenheit der Natur erlaubt uns einen Einblick in die Vollkommenheit in uns selbst, denn vom Wesen her sind wir gut.

Fangen wir damit an, die Fragen des Herzens zu stellen, so kommen ganz bestimmt auch die Antworten zu uns. „Suchet und Ihr werdet finden, klopfet an und es wird Euch aufgetan", so lauten die tröstlichen Worte. Wir leben in der Vorstellung, diese Antworten kämen von Gott, einem höheren Verständnis oder aus dem Geist. Offenbar vermögen Worte das Wesen dieser übergroßen Lebensquelle nicht auszudrücken. Ich nenne es Seele. Ich nenne es deshalb so, weil es sich weich, warm und liebevoll anfühlt. Es ist ein Gefühl der Vollkommenheit und des Glücks. Mit diesem Gefühl in der Seele muß ich die Hand nicht nach außen ausstrecken, um zufrieden zu sein. Ich muß nichts essen und kein Telefongespräch führen oder in den Supermarkt rennen, um meinen Frieden zu finden. Er ist einfach da, in meinem Herzen.

In diesen Augenblicken des tiefempfundenen Erwachens denken wir an die Liebe und wissen, daß wir geliebt werden. Auf der Bewußtseinsebene wissen wir, wer uns liebt und wen wir lieben. Im Frieden dieser Erkenntnis bestehen wir, du und ich, aus Liebe – und alle anderen auch. Das ist mehr als positives oder negatives Denken oder der Glaube, ein Mensch sei besser als ein anderer. Auf der Ebene des göttlichen Selbst erkennen wir, daß wir alle derselben Quelle entstammen.

Im Zentrum unseres Körpers befindet sich das Herz, das Symbol für ein Geben und Nehmen dieses Wissens. Und als Beobachter deines Herzens fühlst du den Strom des Wissens. Einzig die Liebe strahlt aus deinem Herzen. Wir alle wissen, was ein gebrochenes Herz ist. Es ist das Gefühl, das uns überkam, als wir die Liebe verloren hatten. Wir wissen auch, wie es sich anfühlt, frohen Herzens zu sein. Unbeschwertheit ist der Zustand der Liebe. Auch Gott ist Liebe. In diesem Wort ist für mich der ganze Sinn von Spiritualität enthalten. Es umschreibt die Energie des gesamten Universums. Alle Kraft Gottes besteht aus Liebe. Wir kommen zu dieser Erkenntnis, damit wir uns in uns selbst verlieben und sie spüren.

Du weißt, wie es ist, wenn du ein winziges Baby betrachtest oder beobachtest, wie ein geliebtes Kind seine ersten Schritte unternimmt. Es ist das pure Gefühl der Liebe und der Staunens. Du machst jetzt deine ersten Schritte beim Fühlen und erinnerst dich daran, daß du dieses geliebte Kind bist, pure Liebe und Staunen, ein Wunder der Natur, das sich zu einem Baum aus Gelb, Grün und Orange entwikkelt. Wir gehen ins Freie und bewundern die Farben. Jetzt wenden wir uns nach innen und bewundern uns selbst.

Wenn wir das Zentrum unseres Herzens annehmen, entsteht ein Gefühl des Friedens. Frieden mit uns selbst zu schließen ist einer unserer größten Lebenswünsche. Aus diesem Frieden besteht unser Zustand des Liebens. Wenn wir es täglich üben, in die Stille, die Ruhe einzutreten, und sei es auch nur in kleinen Schritten, können wir in diesen Zustand gelangen. So können wir zum Beispiel beim Kochen auf die Farben der Früchte achten, das Wunder der perfekten Scheiben einer Orange, die durch die sie umgebende Haut geschützt werden. Stellen wir uns unseren Körper wie eine Orange vor, dessen lebenswichtige Organe im Inneren durch ein äußeres Organ geschützt werden, durch unsere Haut. Wir würden diese Orange niemals schlecht behandeln, sondern sie sanft in die Hand nehmen, vorsichtig schälen und voller Andacht genießen.

Dies gilt auch für unser Bewußtsein gegenüber einem Brot. Es wurde aus Mehl und Hefe geschaffen, im Ofen gebacken, und schließlich riecht es so herrlich und schmeckt so gut. Wir lieben dieses Brot, diese Orange, und alle zusammen sind wir in die Natur verliebt und in alles, was sie uns schenkt. Unsere Anwesenheit in der Küche entspricht diesem liebevollen Zustand. Wir sind ein Teil dieser Liebe und stehen nicht im Abseits. Wir schließen uns nicht mehr selbst aus, indem wir sagen: „Ich liebe diese Orange, ich liebe dieses Brot, aber mich selbst mag ich überhaupt nicht." Das paßt einfach nicht zusammen. Kann es sein, daß durch dieses Hineinwachsen in ein neues Bewußtsein die Seele ein Gefühl der Liebe umgibt? Ja, natürlich! Wenn wir es denn zulassen. Wir machen uns vertraut mit Orangen, Broten, Blumen und auch mit Bäumen. Liebevoll sorgen wir für jedes einzelne. Haben wir denn unsere Herzen nicht geschützt?

Wir wissen aus Erfahrung, daß man Liebe verlieren und finden oder, besser gesagt, finden und verlieren kann. Verluste und ein gebrochenes Herz brachten uns dazu, die Liebe selbst zu fürchten. Wir glaubten, daß aus Liebe Ablehnung, sogar Verrat entsteht, und so steuern wir unsere Schiffe – unsere Körper – in Richtung der Vereinsamung des Herzens. Wenn wir uns in unseren Körpern einigeln, tut uns nichts weh, und wir spüren den Schmerz der Enttäuschung nicht.

Unsere Gefühle sind es jedoch, die – so wir sie denn zulassen – uns zeigen, in welche Richtung wir steuern. Bewegen wir uns auf die Richtung unserer Wünsche, unserer Ziele zu, können wir gar nicht anders, als uns wohlzufühlen. Und das ist doch unser allergrößter Wunsch, uns wohlzufühlen. Wenn wir unsere Gefühle akzeptieren, sind wir gefordert, nach deren Bedeutung zu suchen. Was fühle ich? Was will mir dieses Gefühl zeigen?

Ein Beispiel dafür ist das Gefühl, mit uns selbst unzufrieden zu sein. Aus Enttäuschung haben wir in der Vergangenheit die Liebe zu uns selbst verdrängt. Aus der Enttäuschung entspringt die Angst, uns sozusagen selbst zu verlieren, unser Gefühl dafür zu verlieren, von anderen oder uns selbst anerkannt zu werden. Kehren wir noch einmal zurück zu unserem Herzen und fragen: Was wollen mir meine Gefühle sagen? Habe ich mich selbst betrogen? Habe ich mich selbst zurückgewiesen? Habe ich einen Fehler gemacht?

Machen wir die Tür zu unseren Gefühlen zu, dann verschließen wir uns der Energie, durch die unsere Gedanken und Taten aktiviert werden. Wenn wir uns unserer Gefühle bewußt werden, kommen Traurigkeit, Wut und Freude hoch. Wir können die Liebe nicht erleben, ohne uns über unsere Gefühle im klaren zu sein. In unseren Emotionen spiegeln sich unsere Bedürfnisse wider.

Nur wenn du dir deiner Gefühle bewußt bist, kannst du dein Herz öffnen. Vielleicht lehrte man uns in der Kindheit, nicht zu weinen oder Wut zu zeigen. Das gehörte sich einfach nicht. Was sollen denn die

Nachbarn sagt, wenn sie dich hören? Wir verstanden unsere Gefühle nicht und wandten uns von den Botschaften aus unserem Inneren und unseren Wünschen ab. Wir wurden zu Gefangenen des eigenen Körpers.

Die Geschichte von Adam und Eva ist der klassische Mythos menschlicher Wesen, die in das Bewußtsein reisen und suchen. Der Garten Eden steht für die unbewußte Glückseligkeit, für die Geborgenheit des Kindes. Die Frucht am Baum der Erkenntnis ist das Symbol für das von uns abgespaltene Selbst. Adam und Eva aßen von den verbotenen Früchten. Sie bildeten eine von Gott getrennte Identität aus. Als sie ihre Abspaltung erkannten, schämten sie sich ihrer Körper. Durch den Genuß der Früchte bzw. dadurch, daß sie als Menschen am Leben teilnahmen, gerieten sie aus dem Zustand der Göttlichkeit oder der Glückseligkeit des Kindes heraus. Wir wissen, daß wir in Versuchung geraten, etwas Verbotenes zu essen, und machen bereits unsere Pläne, es dann zu essen, sobald unser Besuch gegangen ist. Ich glaube, die Bewandtnis von Adam und Eva liegt darin, daß du nicht in deinem Äußeren suchen mußt, um zu echter Weisheit zu gelangen. Du brauchst nicht mehr dazu als das, was du bereits bist. Du bist nicht vom Göttlichen abgespalten.

Wenn wir, um es einmal so auszudrücken, verbotene Früchte gegessen haben, ist es eine natürliche Funktion des Geistes, das Vorhandensein von Gegensätzen, von Gut und Böse, von Freude und Leid aufzulösen. Wir wachsen aus der unschuldigen Unbewußtheit und der totalen Liebesfähigkeit eines Kindes in ein Selbst-Bewußtsein hinein. Wir verlassen den glückseligen Garten unserer Kindheit, um mit neu erlangtem Bewußtsein zu unserer Verbindung mit der geistigen Quelle zurückgelangen zu können.

In unserer Kindheit machten wir Fehler und wurden dafür bestraft. Wir lernten, was wir tun durften und was nicht. Wir wollten ja so sehr brav sein, denn das bedeutete, daß Mutter und Vater uns liebten und akzeptierten. Mehr als alles andere auf der Welt wollten wir von ihnen anerkannt werden. Wir identifizierten uns mit ihnen. Wir waren so, wie sie uns haben wollten. Als wir später unsere eigene Identität ausbildeten, merkten wir, daß wir nicht wie unsere Eltern und in vielen Fällen ganz anders als sie waren. Aus Angst vor Mißbilligung trauten wir uns nicht, ihnen das zu sagen. Wenn sie uns bisweilen tadelten, bekamen wir den Liebesentzug zu spüren und glaubten, böse zu sein. Wir glaubten, wir seien schlecht. Möglicherweise haben wir sogar uns selbst, unsere Identität und das Wissen um unsere wahre Quelle verloren. Wir hatten Angst, wir selbst zu sein.

In der Glückseligkeit der Kindheit wußten wir um unsere Verbundenheit mit der spirituellen Quelle. Wir waren eins mit unserer Umgebung, erlebten jeden Augenblick neu. Alles war eins. Wir lernten aber auch, daß das Leben weh tut. Wenn Vater oder Mutter fortgingen, fühlten wir uns unsicher und ängstlich. Indem wir lernten, daß es gutes und schlechtes Benehmen gibt, meinten wir, so, wie wir waren, nicht gut genug zu sein. Abgetrennt von unserer bisherigen Ganzheit wurden wir unsicher.

Für den Rest unseres Lebens suchen wir nach der abhanden gekommenen Ganzheit, um so die Wunden der Trennung zu heilen. Die Abtrennung und der Verlust der Geborgenheit haben Angst zur Folge. Angst ist der Gegensatz von Liebe. Wenn wir aus der Angst heraus handeln, lieben wir uns selbst nicht. Wir versuchen verzweifelt, zur Ganzheit, die Anerkennung anderer mit eingeschlossen, zurückzukehren. Wir fühlen uns schlecht, und wir wollen mehr sein, als wir sind. Wir glauben, in den Augen anderer schlecht dazustehen, und schämen uns unseres Körpers. Das tut uns im Herzen weh.

Ich bin der Ansicht, daß auch dann, wenn wir Angst haben, unser Herz nach Liebe hungert. Wir beginnen, uns im Kreis zu drehen, und versuchen uns von unserer besten Seite zu zeigen. Der Verlust unserer Selbstliebe, des Respekts und der Ehrfurcht verursacht gräßliche Schmerzen in unserem Inneren. Wir haben uns nicht mehr im Griff und versuchen Macht über andere auszuüben. Während Schuldgefühle und Angst unseren Seelenfrieden unterminieren, geht uns zeitweilig der Kontakt zum Geist verloren. Wir haben vergessen, wer wir sind. Das unschuldige Kind der Liebe kämpft mit Liebe und Angst, mit Schuldgefühlen und Anerkennung, es wird erwachsen, nimmt während des Kampfes die Gestalt einer Kugel an, die wie ein Schneeball immer schneller und immer schwerer wird.

Es geht uns allen wie Adam und Eva, die sich ebenfalls in dieser mißlichen Lage wiederfanden. Was können wir tun, wenn wir uns fühlen, als würden wir verrückt werden, wenn wir sowohl körperlich als auch emotional blockiert und unbeweglich sind? Wir können wieder zu unserem Herzen, zur Ruhe in uns selbst, zu unserem Wissen, zur Ehrfurcht vor der Natur, zu unserem Einssein mit allen Lebewesen zurückkehren, Fragen stellen, auf unsere Gefühle hören und uns fragen, was sie bedeuten. Wir können Fragen zum großen Unbekannten stellen, zum Geist in unserem Inneren. Was bedeutet das? Wo bin ich vom Weg abgekommen? Wie kann ich wieder dahin zurückkehren und all das, was ich an mir liebe und für mich selbst wünsche, verwirklichen?

Vertraue dem Bild in deinem Inneren

Ich glaube fest daran, daß wir alle die Kraft zur Veränderung unseres Lebens haben, denn als Menschen können wir uns entscheiden. Wir können diese Kraft brachliegen lassen, oder wir können unsere Wahlmöglichkeit nutzen, um eine negative Situation in eine Realität zu verändern, die unsere inneren Wünsche widerspiegelt. So finden wir die Erfüllung. Auf diese Art strecken wir die Hand nach einem Leben in Freude und Zufriedenheit aus.

Wenn du bereit bist, zuzuhören und auf deine innere Vision zu vertrauen, können die Realität und die Kraft der Gedanken und der Entscheidung eine Veränderung in deinem Leben bewirken. Wenn du bereit bist, dein wahres Selbst zu entdecken und alle diejenigen deiner Anteile zu akzeptieren, die du vielleicht abgelehnt oder verdrängt hast, kannst du mit einer Waage, den Kilos oder Kalorien alles machen, wonach dir der Sinn steht.

Diese Entdeckung kommt aus deinem inneren Wesen. Während neue Gedanken, Einfälle und Entscheidungen entstehen, befreien wir uns von alten Gewohnheiten und Meinungen, derentwegen wir uns nicht gut gefühlt haben. Wenn du positive Entscheidungen triffst, die dein Herz öffnen, entwickelst du ein anders Selbstwertgefühl. Glaub an deine Vision, ein Mensch zu sein, der sein Idealgewicht hat, und du wirst es erreichen.

Ich will dir etwas über mich erzählen. Die Geschichte handelt vom Übergewicht. Es ist auch eine Geschichte von Liebe, vom Akzeptiertwerden und von einer Veränderung.

Über lange Jahre hinweg regierten die Pfunde mein Leben. Ich fällte keine Entscheidungen – meine Fettpolster taten das für mich. Von den Kleidern, die ich tragen konnte, bis zu den Orten, an denen ich mich wohlfühlte, bis hin zu den Menschen, in deren Gegenwart ich mich unbehaglich fühlte. Ich probierte jede Schlankheitskur, jede Pille und jeden Diätplan aus, den ich in die Finger bekam. Ich nahm Abführpillen und Entwässerungsmittel. Der Zeiger der Waage schnellte auf und ab, typisch für den Yoyo-Effekt eines fanatischen Schlankheitsapostels.

Als ich einmal schlank war, verliebte ich mich. Ich fühlte mich so, wie ich war, großartig, geliebt und akzeptiert. Wir heirateten, und ich glaubte, meine Schwierigkeiten seien überwunden. Mein Geliebter war an meiner Seite, und ich dachte: „Das war es, was ich immer gebraucht habe. Ich werde nie mehr zu viel essen, um dieses Loch zu füllen. Die Schlankheitskuren haben ein Ende, und das Glück beginnt!" Ich fühle mich so, wie ich war, geliebt und akzeptiert.

Dann begann ich, für meinen Ehemann zu kochen, und du kannst dir ja denken, was passierte. Das ganze Gewicht, das ich durch die neue Liebe abgenommen hatte, war prompt wieder drauf. Ich konnte mir nicht vorstellen, wie mich jemand mögen konnte. Also ist es wohl auch keine Überraschung, daß wir uns scheiden ließen. Mein Selbstwertgefühl war immer noch völlig an die Ziffer auf der Waage oder die Kleidergröße, in die ich hineinpaßte, gekoppelt. Mein Körperumfang war das einzige Maß, nach dem ich mich für liebenswert erachtete.

Eines Tages zu Beginn der achtziger Jahre war ich mit einer Freundin am Strand. Ich lebte damals in Houston, im Bundesstaat Texas, und weil das Meer gleich vor der Tür lag, gingen Nancy und ich oft an den Strand, um Sonne zu tanken und uns von unserem hektischen Leben zu erholen. Ich beschwerte mich immer darüber, wie fett ich in meinem Badeanzug aussah. Mit rund 85 Kilo hatte ich überall an den falschen Stellen Pölsterchen. Ich muß wochen- und monatelang geklagt haben, bis Nancy schließlich sagte: „Wie lange mußt du eigentlich dein Übergewicht noch mit dir herumschleppen? Du beschwerst dich immer, machst aber keine Anstalten abzunehmen. Wieso eigentlich?"

Diese Frage hatte ich mir zuvor schon gestellt, hatte aber niemals wirklich gründlicher darüber nachgedacht. Sich zu beschweren ist ja so viel einfacher. Während ich jedoch darüber nachdachte, wurde mir klar, daß das Essen eine gewaltige Macht über mich hatte. Es war ein schreckliches Gefühl. Ich hatte es nicht mehr im Griff. Aus irgendeinem Grund hatte mich ihre Frage schwer getroffen. Zum ersten Mal erkannte ich wirklich die Wahrheit: Ich selbst tat mir das an. Ich war diejenige, derentwegen ich mich so schlecht fühlte.

Zu dieser Zeit arbeitete ich in einer Klinik für chronisch Schmerzkranke und lehrte Patienten, sich mittels Biofeedback zu entspannen und – ob du's glaubst oder nicht – abzunehmen. Da stand ich also vor ihnen und erzählte anderen Menschen, wieviel besser sie sich doch fühlen und wieviel gesünder sie sein würden, wenn sie nur einfach etwas abnehmen würden. Ich erteilte all diese Ratschläge und litt selbst an Übergewicht! Sie schauten mich an, und ich weiß, daß sie sich fragten: „Wenn sie meint, daß dieser Vorschlag bei mir funktioniert, warum klappt es dann bei ihr nicht?"

Am nächsten Tag ging ich zu Dr. David Axelrad, dem Direktor des Programms für Patienten, die unter chronischen Schmerzen litten. David war mein Freund und Vorgesetzter, aber ich hatte dennoch Bauchgrimmen, als ich zu ihm sagte: „David, ich kriege meine Eßgewohnheiten nicht in den Griff, und ich weiß nicht, was ich tun soll. Hilf mir!"

Er sagte: „Aber ja doch! Mary, willst du wirklich abnehmen?" Ich atmete tief ein und nickte: „Ja, das will ich." Dann fragte er: „Woher weißt du, daß du wirklich willst?" „Weil ich mich miserabel fühle," sagte ich. „Ich will das Kapitel Übergewicht in meinem Leben abschließen!"

Er meinte, daß er mir helfen könne. Er sah so ruhig aus und schien sich so sicher zu sein, daß ich es schaffen könne. Mir selbst ging es ganz und gar nicht so, in diesem Augenblick aber vertraute ich ihm. Ich entschloß mich, darauf zu bauen, daß er mir wirklich würde helfen können. Nachdem ich dreißig Jahre lang Schlankheitskuren und Diäten gemacht hatte, die keine Wirkung gezeigt hatten, kam ich zum Schluß, daß es diesmal und auf diese Weise klappen würde – wenn ich es nur zuließe.

Ich fühlte mich, als ob dort und in diesem Augenblick ein zentnerschwerer Panzer von mir abgefallen wäre. Ich fühlte mich verletzlich und voller Angst, aber sehr viel leichter in meinem Inneren. Gerade hatte ich meinem Chef gebeichtet, daß ich etwas nicht mehr im Griff hatte, und er betrachtete mich noch immer mit Respekt und voller Liebe, wie er es immer getan hatte. Er akzeptierte mich immer noch, sogar nachdem ich zugegeben hatte, daß ich nicht die war, die ich sein wollte. Wir gingen in sein Büro, setzten uns, und er fragte: „Kannst du dir das Bild vorstellen, wie du mit dem Gewicht aussehen wirst, das du immer haben wolltest?"

Ich machte die Augen zu und sah mich weiße Shorts und ein weißes T-Shirt tragen. Ich befand mich an einem warmen, sonnigen Strand, und hoch über meinem Kopf segelten Möwen. Ich hatte lange Haare, und die Mary aus meinen Träumen rannte auf mich zu. Ich ließ das Bild weiter zu, und bald begannen mir Tränen über die Wangen zu laufen. Nachdem ich dreißig Jahre lang verdrängt hatte, wie wunderbar ich mich fühlen und sein könnte, erlaubte ich es mir endlich, meine Möglichkeiten zu sehen. Jahrelang hatte ich angenommen, nur zu dick sein zu können. Ich wünschte mir so sehr, daß all die neuen Gefühle aus dieser Vision sich in meinem Leben manifestieren würden!

Dann sagte David: „Betrachte dich jetzt selbst in der Vergangenheit, als du zuviel gewogen hast, und beobachte, wie dir alles aus den Händen geglitten zu sein schien." Ich sah mich selbst in zu enger Garderobe, erinnerte mich daran, daß Reißverschlüsse kaputt gegangen und Knöpfe abgeplatzt waren, weil mein Körper aus allen Nähten platzte. Ich spürte die absolute Enttäuschung, die sich während vieler Jahre angestaut hatte, in denen ich zuviel gegessen hatte. Zu der Zeit verstand ich nicht, aus welchen Gründen ich mein Übergewicht zugelassen und behalten hatte, vertraute aber auf meine Gefühle. Ich wollte die Freude haben und so schlank sein, wie ich in meiner Vision gespürt hatte. Ich wußte auch, daß ich den Kummer, dick zu sein, nicht mehr erleben wollte. Offen und blind vertrauend brachte ich die Bereitschaft auf, wieder neu zu lernen.

Wie kam unser Übergewicht zustande?

Bevor wir jedoch weitermachen, müssen wir erst verstehen, was uns all diese Jahre im Weg gestanden hat. Woher stammen unsere Eßgewohnheiten?

Unser Gehirn speichert all unsere Erfahrungen und Emotionen und spielt sie uns wieder vor. Wie ißt du? Was ißt du? Warum ißt du all das, was du ißt? Welche Einstellung hast du zu deinem eigenen Glück? Was glaubst du, ist in deiner Familie möglich? Bei deiner Arbeit? In deiner Zukunft? Kommen in unserer Außenwelt bestimmte Dinge vor, werden all diese Fragen automatisch von der Erinnerung in uns beantwortet.

Diese Erinnerungen bestehen aus in der Kindheit angesammelten Erlebnissen. Sie alle sind tief in uns verwurzelt: Wie wir uns in unserer Familie, bei unseren Freunden, in der Schule und so weiter verhielten. Sie bilden die Grundlage unseres heutigen Verhaltens. Diese Erinnerungen spulen sich oft von selbst in deinem Kopf ab. Bist du jemals nach einem anstrengenden Tag nach Hause gekommen und hast dich dabei ertappt, in den Kühlschrank zu starren? Vielleicht hast du Hunger, vielleicht aber auch nicht, aber da stehst du nun und starrst auf die Lebensmittel. Automatisch tauchen deine Erinnerungen auf und setzen ein gewohnheitsmäßiges Verhalten in Gang, das dir deine überflüssigen Pfunde eingetragen hat und das Gefühl gibt, etwas nicht mehr im Griff zu haben.

Schon in unserer frühen Kindheit bilden wir unsere Einstellung zu Nahrungsmitteln und zum Essen heraus. Wir tun das, um zu überleben. Als Kleinkinder äußerten wir unser Bedürfnis nach Nahrung, indem wir weinten. Weinten wir, bekamen wir mit der Nahrung auch gleichzeitig Liebe und Wärme. Schon früh in unserem Leben lernen wir, daß es uns das Lob desjenigen Menschen einbringt, der uns füttert (meistens das der Mutter), wenn wir ihm Freude machen. Wir fühlen uns wohl, geliebt und gesättigt.

Für die meisten Menschen liegt hier der Zusammenhang zwischen Essen und Geborgenheit. Hast du dich als Kind jemals geweigert, deinen Teller leer zu essen? Erinnerst du dich daran, vor diesen paar Bissen gesessen und sie einfach nicht mehr gewollt zu haben? Ob dies nun bedeutete, daß wir nicht mit unseren Freunden spielen durften oder einfach nur ein böser Junge oder ein böses Mädchen genannt wurden, wir lernten eine Verbindung herzustellen zwischen Schuldgefühlen und unserem nicht leer gegessenen Teller. Schon als Kind wurde uns die Bedeutung von Liebe und positiver Bestätigung klar, also aßen wir in der Regel, um anderen eine Freude zu bereiten, ungeachtet dessen, ob wir nun hungrig waren oder das Gericht mochten.

Es bringt uns nicht weiter, wenn wir unseren Eltern die Schuld in die Schuhe schieben, denn was diese uns beibrachten, basierte auf deren Erinnerungen. Unsere Eltern meinten es gut mit uns und glaubten, sie vermittelten ihrem Kind eine gesunde Lebensführung. Letztlich aber wurden wir oft dazu überredet, mehr zu essen, als unser Körper brauchte, damit wir uns am Ende der Mahlzeit auch unsere Belohnung verdient hatten: den Nachtisch. All dies passierte, während wir dabei waren, unsere grundlegenden Gedanken- und Verhaltensmuster zu entwickeln. Dies war auch die Zeit, in der sich unser Eßverhalten und die entsprechenden Muster herausbildeten.

Als wir herangewachsen waren, stand es uns frei, etwas zu essen oder auch nicht. Wir fällten aber keine wirkliche Entscheidung, sondern lebten gemäß unseren Kindheitsmustern und -erinnerungen. Wir bestehen aber auch so aus viel mehr als nur der Summe unserer Gewohnheiten. Als Erwachsene haben wir die Gelegenheit zu lernen, ganzheitliche Menschen zu sein und auf die Verbindungen zwischen unserem Körper, unserem Geist und unserer Seele zu achten.

Wie wir die unterschiedlichen Aspekte unseres Wesens und deren Zusammenwirken zu schätzen wissen, achten wir auch die Verknüpfung unseres Lebens mit dem Leben anderer. Wir können über Ernährung nachdenken anstatt über das Kalorienzählen. Wir können uns auf das Leben konzentrieren anstatt darauf, unser Essen zu kontrollieren. Wir können auf unsere eigenen Herzen hören anstatt darauf, was andere uns sagen.

Wie also verändern wir Gedanken und Eßgewohnheiten, die über so viele Jahre hinweg Bestand hatten? So tief sitzen unsere Gewohnheiten, daß man bisweilen glauben möchte, sie seien uns angeboren, genau so wie wir mit einem Mund zur Welt kamen. Im betreffenden Augenblick mag uns dies sehr richtig erscheinen, denke aber daran: Wir wurden auch mit einem Herzen, einem Geist und einer Seele geboren. Wir besitzen eine Verbindung zu einer höheren Weisheit, die unser Schicksal lenkt. In unserm Herzen und unserem Geist gibt es eine Vorstellung von dieser höheren Weisheit, von der ich glaube, daß sie eine echte Widerspiegelung dessen ist, wer wir sind und wer wir werden wollen.

Durch dieses Buch wirst du immer mehr darauf kommen, daß dein Idealgewicht weniger etwas mit Nahrung zu tun hat, sondern viel mehr mit dieser höheren Weisheit. Diese Vorstellungen sind realer als alles, was wir im Kühlschrank oder auf einer Speisekarte vorfinden.

Als meine drei Jungs noch Kinder waren, hätte man meinen können, ich brächte mein ganzes Leben in der Küche zu. Um ihre Leibgerichte zubereiten zu können, hatte ich immer bestimmte Lebensmittel im Haus. Aber sogar nachdem sie von zu Hause ausgezogen waren, lagerten diese Dinge noch in meinen Vorratsschränken, selbst dann, wenn ich sie überhaupt nicht aß. Wie also waren sie dort hineingekommen? Jahrelang ließ ich mich beim Einkaufen von Gewohnheiten leiten anstatt von dem, was zur Verwirklichung meines neuen Selbst notwendig war.

Manchmal liegt es an alten Gewohnheiten, wenn wir uns durch das Essen von unserem Idealgewicht entfernen. Manchmal essen wir, um Gefühle zu überspielen, denen wir uns nicht stellen wollen. Ich erinnere mich daran, einmal eine Diät gemacht zu haben (das war, bevor ich es besser wußte) und derart kleine Portionen gegessen zu haben, daß ich buchstäblich hungerte. Ich hatte das überwältigende Verlangen, immer wieder zu essen. Und was wollte ich? Kartoffelchips mit Sauerrahmsauce gefolgt von Schokoladeplätzchen und umgekehrt, so lange, bis alles verputzt war. Ich hatte danach derartige Schuldgefühle, daß ich beim nächsten Mal, als ich einen solchen Heißhunger hatte, mich dazu entschloß, es auszusitzen und nichts zu essen.

Nun, eines Tages hatte ich dieses starke Verlangen, hemmungslos zu essen, und ich setzte mich auf die Couch und wartete ab. Ich bekam es mit der Angst zu tun, und der Heißhunger wurde nur noch schlimmer. Je länger ich dort saß, um so stärker wurde er. Ich saß da, atmete tief ein, und meine Angst wurde sogar noch schlimmer. Ich hatte den überwältigenden Impuls, Kartoffelchips und Plätzchen zu essen. Das Verlangen breitete sich in meinem ganzen Körper aus. Schließlich brach ich in Tränen aus, ich weinte und weinte und weiß nicht mehr, wie lange.

Einige Weile danach merkte ich, daß ich einfach nur aus dem Fenster starrte. Die Blätter an den Bäumen begannen gelb zu werden. Mein ganzes Bewußtsein hatte sich verändert. Der Heißhunger war weg. Seitdem hatte ich keine Gier mehr auf Schokoladeplätzchen.

Manchmal haben wir ein Bedürfnis, das unserem Körper auch wirklich gut tut. Ich bin darauf gekommen, daß ich während einer Erkältung Heißhunger auf Zitrusfrüchte habe. Mein Körper braucht zu seiner Genesung mehr Vitamin C.

Andere Gelüste jedoch können sich im Heißhunger auf ein Nahrungsmittel ausdrücken, das unseren Körper seiner Energie beraubt. Obwohl wir wissen, daß das nicht gesund ist, trinken viele von uns übermäßig viel Kaffee oder Coca-Cola. Die Antwort finden wir, wenn wir fragen: Warum haben wir Lust auf diese Sachen? Wonach sehnen wir uns wirklich?

Das Leben besteht aus Bedürfnissen. Ohne Wünsche und Ziele würden wir morgens nicht einmal aus dem Bett kommen. Wir sehnen uns nach einem Sinn, nach Liebe und der Erfüllung unserer Träume. Wir sehnen uns danach, mehr von dem zu verwirklichen, was wir sind. Einige Gelüste sind gesund und bringen uns unseren Träumen näher. Durch andere wiederum gelangen wir auf Abwege.

Natürliches Bestreben nach innerer Stärke kann aus dem Zwang heraus kommen, Macht über andere auszuüben. Die natürliche Sehnsucht nach Liebe kann sich als hoffnungsloser Versuch erweisen, Anerkennung von anderen zu bekommen. Wir sehnen uns nach Selbstverwirklichung, und sobald das Vermögen sich anhäuft und man im Ansehen steigt, kann dies zu einer Besessenheit werden.

Im Wunsch, Kindheitserlebnisse wie zum Beispiel die Gerüche aus Mutters Küche noch einmal zu durchleben, können sich Gelüste verbergen. Ich hatte eine Patientin, die während einer Reise nach Paris Heißhunger auf Spaghetti hatte. Als ich sie nach dem Grund fragte, meinte sie, es nicht zu wissen. Auf weitere Nachfrage erinnerte sie sich daran, mit ihren Eltern eine Reise nach Paris gemacht zu haben. Diese aßen „merkwürdige französische Gerichte", meinten aber, sie könne soviel Spaghetti essen, wie sie nur wolle. Sie war so erleichtert, keine der von ihr verabscheuten Speisen mehr essen zu müssen, daß ihre schönste Erinnerung an Paris die war, Spaghetti gegessen zu haben.

Auf der Symbolebene stellten die Spaghetti die Erinnerung an einen mit der Familie verbrachten Urlaub dar. In ihrer Erinnerung durchlebte sie ein Verlangen noch einmal, das wir alle haben, das nach Geborgenheit. Steve, ein amerikanischer Freund, bittet mich jedesmal darum, ihm eine spezielle Plätzchensorte mitzubringen, wenn ich nach Amerika reise. Andere amerikanische Freunde können nicht verstehen, warum es in der Schweiz keine Erdnußbutter gibt.

Nahrungsmittel können uns schöne Erinnerungen an die ungeteilte Aufmerksamkeit von Vater und Mutter vermitteln. Es war immer etwas ganz Besonderes, wenn meine Mutter Pfannkuchen backte, denn es brauchte eine Weile, und sie tat es nur für mich. Mein Verlangen nach Pfannkuchen symbolisiert, daß ich Verlangen nach Fürsorge und Aufmerksamkeit habe, die ich in der Vergangenheit erfahren hatte.

Dieses gestörte Verhältnis zwischen unseren Gewohnheiten und Gefühlen kann geheilt werden. Anstatt unsere Emotionen und unser geistiges Verlangen mit Nahrungsmitteln zu stillen, können wir einen anderen Weg einschlagen. Wir können lernen, unseren Körper mit Lebensmitteln und unsere Seele mit Liebe zu ernähren. Wenn wir jetzt damit anfangen, nicht mehr auf das Geplapper unseres Geistes zu hören, das aus alten Erinnerungen und alten Gewohnheiten besteht, uns nicht mehr auf das Plappern der Angst, des Perfektionismus und der Selbstzweifel zu konzentrieren, können wir beginnen, der leuchtenden Vision in unserem Herzen Aufmerksamkeit zu schenken.

Stellen wir uns vor, wir seien eine Vase voll mit frischem Wasser und Blumen. Die Blumen sind feuerrot, orange, gelb und leuchtend weiß, sie sind eine Vision aus Energie und Licht. Nach ein paar Tagen fangen die Blumen vielleicht an zu verwelken. Du betrachtest das Wasser und siehst, daß es sich dunkel verfärbt hat. Blätter sind von den Stengeln abgefallen und verrotten im Wasser. Das Wasser beginnt zu stinken. Du denkst zwar daran, diesen Zustand zu ändern, bist aber zu beschäftigt. Um diesen Zustand wirklich zu beheben, mußt du die Blumen aus der Vase nehmen, frisches Wasser auffüllen und sie wieder neu stecken. „Das mache ich morgen. Für den Augenblick gieße ich nur ein wenig frisches Wasser nach." So schüttest du ein wenig Wasser in die Vase, und nichts ändert sich wirklich. Das Wasser stinkt noch immer. Nach einigen Tagen sind die Blumen endgültig verwelkt, und die ganze Vase stinkt.

Die einzige Möglichkeit, alles zu beheben ist nun, neu anzufangen. Du nimmst also die Blumen heraus, reinigst die Vase, gießt frisches Wasser hinein und fängst mit frischen Blumen noch einmal an. Vielleicht blühen einige der alten Blumen auch tatsächlich noch, und im frischen Wasser leben sie wieder auf.

Dieses Wasser gleicht unseren alten Gewohnheiten und unserem alten Denken. Es bringt unser restliches Leben solange zum Stinken, bis wir uns zu einer Reinigung und einem Neuanfang durchringen. Bevor du jedoch einen neuen Anfang machen kannst, mußt du wissen, was eigentlich aufblühen soll.

Was willst du wirklich?

Dein Herz ist jetzt offen, du machst einen neuen Anfang und beginnst von vorne. Schon das für sich allein genommen kann ein Gefühl der Erleichterung mit sich bringen. Du wirst dir über die Verbindung deines Körpers mit dem Geist bewußt. Du kannst den Geist der Bewegung fühlen, du bist dir deiner bewußter als vorher und empfindest es tief. Du kannst es dein Höheres Selbst nennen oder Geist, Natur, Gott, wie auch immer du möchtest.

Genau wie die Gedanken ein Fenster zu unserer Seele sind, so können wir durch die Fenster in unsere Vorstellungskraft, die Werkstatt, sehen. Und es ist der Wunsch, unseren Gedanken entsprechend zu handeln, der uns dazu veranlaßt, uns auf unsere Ziele und Träume hin zu entwickeln und daran zu arbeiten. Wenn du deine Ziele ansteuerst, zeigst du damit, daß du alle Mittel in dir trägst, um dich voller Freude und entspannt zu fühlen, und daß du mit deinem Idealgewicht leben kannst.

Stell dir dein ideales Selbst vor.

Das Bewußtsein erzeugt die Realität ... Die Erwartung
hat einen entscheidenden Einfluß auf das Ergebnis.
Dr. Deepak Chopra

Als ich vor einigen Jahren in einem Krankenhaus in Houston arbeitete, wendete ich die Techniken des Biofeedback an, um Patienten, die an chronischen Schmerzen litten, Tiefenentspannung, Streßmanagement und Gewichtsreduzierung zu lehren. Da Übergewicht unseren Körper belastet, kommt der Gewichtsreduzierung eine große Bedeutung zu, wenn den Patienten beim Umgang mit ihren chronischen Schmerzen geholfen werden soll.

Ich versetzte einen Patienten durch imaginierte Bilder in tiefe Entspannung. An der Zimmerwand hing ein Kalender mit Bildern von Schweizer Landschaften. Ich war schon einmal dort gewesen, und das Bild einer dem Berggipfel entgegenfahrenden Seilbahnkabine erinnerte mich daran, wie wunderbar ich mich während meines Besuches dort gefühlt hatte. Von Zeit zu Zeit betrachtete ich es und ließ zu, daß das Bild Freude und angenehme Gefühle in mir auslöste.

Als ich meinen Patienten dazu anleitete, sich einen angenehmen, bequemen und entspannenden Ort vorzustellen, an dem er einmal gewesen war, ertappte ich mich, daß ich die schöne rote Seilbahn vor dem verschneiten Hintergrund anstarrte. Und während mein Patient seine Szene visualisierte, fand ich mich plötzlich selbst in einem Zustand tiefer Entspannung wieder.

Ich sah mich durch die Schweizer Berge wandern. Patienten, die sich in der Schönheit der Natur von ihren Schmerzen erholten, frische Bergluft atmeten und gesund wurden, wanderten gemeinsam mit mir. Während mir solche Gedanken durch den Kopf gingen, begann ich mich zu fragen, ob das wohl möglich wäre. Mein Gefühl und mein Wunsch erzeugten den Gedanken, diese Szene könnte Realität werden.

In den folgenden Wochen kehrten meine Gedanken ständig wieder zu diesem Bild zurück. Ich dachte immer öfter daran und wurde immer aufgeregter. Gleichzeitig hatte ich Angst. Ich schlief mit der

Vorstellung ein, und oft wachte ich mit diesem Gedanken wieder auf. Ich fing an, mit Freunden darüber zu reden, und viele ermutigten mich, es zu tun.

Als ich das nächste Mal in die Schweiz fuhr, fing ich an, mit Menschen Kontakt aufzunehmen, die mir bei der Verwirklichung meines Traumes helfen würden. Nach einer geraumen Planungszeit entschloß ich mich, das Risiko einzugehen und in die Schweiz zu ziehen. Ich besaß fast kein Geld, also nahm ich eine Arbeit in einem Andenkenladen an, verkaufte und gravierte Schweizer Armeemesser. Nach kurzer Zeit begann ich, Englischunterricht zu geben, aber immer noch immer hatte ich meinen Traum vor Augen. Jede nur denkbare Gelegenheit, die mich meiner Vision näherbrachte, nahm ich wahr.

Drei Jahre später trafen die ersten beiden Patienten aus den Vereinigten Staaten in der Schweiz ein. Während der Behandlung wanderten sie in den Bergen, atmeten die frische Luft und erholten sich von ihren Problemen.

Ich erzähle diese Geschichte, weil sie zeigt, wie Träume und Ziele verwirklicht werden können. Durch die gleiche Kette der Ereignisse, die mich meinen Traum vom Idealgewicht hatte verwirklichen lassen, war ich auch in die Schweiz gekommen und unternahm mit meinen Patienten Bergwanderungen. Man kann fast jedes Vorhaben auf diese Weise verwirklichen, sei es nun eine neue Arbeitsstelle, Fortbildung oder Erreichen des Idealgewichts.

Der Wunsch ist ein durch Emotionen aufgeladener Gedanke. Das Verlangen erzeugt einen Sog, durch den die Bahn für eine Sache, die möglich ist, freigemacht wird. Es öffnet eine neue Tür, und der Gedanke wird im wahrsten Sinne des Wortes lebendig. Dadurch wird ein Schub erzeugt, durch den wir in ein neues Reich katapultiert werden. Das zu sehen ist sogar für Außenstehende eine Freude. Das Verlangen erzeugt Wissensdurst, dieser entwickelt eine Eigendynamik, die deinen Zielen förderlich ist. Normalerweise ist ein schwaches Interesse nicht ausreichend, um eine Idee voranzutreiben. Wie ein quälender Durst, so kann uns auch ein Gedanke zur Quelle finden lassen, an der wir unsere Vollendung und Zufriedenheit finden.

Gedanken, und seien sie am Anfang auch noch so zart, geben uns Hinweise und kurze Einblicke in unsere Möglichkeiten, auf die wir nie gekommen wären, ehe wir diesen Gedanken hatten. Ich will mit dir auf eine Reise gehen. Auf dieser Reise wirst du die Quelle deines Wunsches nach deinem Idealgewicht finden.

Ritual: Stelle dir dein neues Selbst vor

Entspanne dich an einem bequemen Platz, an dem du ungestört bist. Dann finde einen Gegenstand, den du gerne betrachtest. Du kennst dieses Objekt, vielleicht ist es eine Pflanze oder ein Bild an der Wand. Du betrachtest es gelassen, konzentrierst dich so lange darauf, bis du zu blinzeln beginnst und dich schwer fühlst. Das passiert bei der Entspannung und ist normal. Je mehr du das übst, um so leichter wird es für dich, je mehr du dich entspannst, um so mehr verinnerlichst du dieses Wissen.

Dieses Entspannen übst du jeden Tag zu einer Zeit, die du dir nur für dich selbst nimmst. Diese wichtige Zeit erzeugt einen schrittweise sich erweiternden Prozeß der Verinnerlichung und erlaubt es dir, die alten Denkmuster abzulegen, die deinen Geist verwirrten und dir Energie geraubt haben.

Du bist jetzt entspannter, und dein Atem ist ruhiger. Mit jedem Atemzug heben und senken sich dein Bauch und dein Brustkorb. Je mehr du das Entspannen übst, um so besser fühlst du dich, und um so besser wird es für dich. All deine Gedanken werden klarer. Dich durchströmt das befreiende Gefühl, in diesem Augenblick dich selbst zu akzeptieren.

Jetzt stellst du dir vor, in ein Kino zu gehen. Vor dir befindet sich eine große, weiße Leinwand. Sie ist leer, kein Bild ist darauf zu sehen. Du entschließt dich, in der ersten Reihe Platz zu nehmen, und wartest, bis der Film anfängt. Das war's. Aber jetzt will ein Teil von dir in die Loge gehen, und so geht dieser Teil hoch und läßt den anderen Teil von dir in der ersten Reihe sitzen. Stell dir jetzt vor, wie du die mit Teppich überzogenen Treppen in das gemütliche Dunkel der Loge hineingehst. Jetzt schau von der Loge hinunter. Zur gleichen Zeit kannst du dich in der ersten Reihe sitzen sehen. Es tut dir gut, das auf deine Art und Weise zu tun. Gleich fängt der Film an. Du machst es dir auf deinem Sitz in der Loge bequem, betrachtest den gerade beginnenden Film – und gleichzeitig beobachtest du dich in der ersten Reihe.

In dem Film geht es um dich. Du siehst dich selbst als vier- oder fünfjähriges Kind. Du siehst dieses Kind mit deiner Familie, wie es mit Freunden spielt, zur Schule geht, aufwächst, erinnerst dich an Situationen und Ereignisse an für die Familie besonderen Tagen. Manchmal siehst du dieses Kind fröhlich spielen, und manchmal ist das Kind traurig oder verwirrt. Laß einige dieser Situationen im Geiste an dir vorbeiziehen. Laß sie auf der Leinwand spielen, und beobachte sie von deinem sicheren Logenplatz aus.

Langsam vergehen die Jahre für das Kind. Schule, Ferien, Brüder und Schwestern sitzen am Tisch und reden, streiten, lernen, haben Spaß oder auch nicht. Du, das Kind, wächst im Lauf der Jahre heran, manchmal mit Liebe und Verständnis und manchmal ohne diese wertvollen Gefühle. Von deiner Loge aus kannst du dieses schöne Kind sehen, das du selbst bist. Und das Kind wächst so oder so bis heute heran.

Für einen Augenblick hält der Film an, und da siehst du, daß er zurückgespult wird. Alle Szenen laufen durch die Jahre hinweg wieder zum Anfang zurück.

Jetzt gehst du von der Loge hinunter und in die erste Reihe des Kinos. Du wirst den Film noch einmal ablaufen lassen. Diesmal betrachtest du dich sehr genau. Jetzt fallen dir ganz besonders die wunderbaren Fähigkeiten des Kindes auf der Leinwand auf. Sogar in den weniger amüsanten Augenblicken fühlst du mit dem wunderbaren Kind dort vorne. Und jetzt kommt dir ein interessanter Gedanke: Du fragst dich, ob du in die Leinwand hineinsteigen kannst, um deine Kindheit noch einmal zu besuchen. Nun, warum willst du es nicht versuchen?

Du stehst auf, gehst die Stufen zur Bühne hinauf und setzt einen Fuß in die Leinwand, und jetzt den anderen Fuß. Es hat geklappt! Du bist wieder in deiner Kindheit. Das Kind in der Szene schaut dich freudig und überrascht an. Das Kind freut sich ja so sehr, dich zu sehen. Ihr umarmt euch und küßt einander. Du nimmst die kleine Hand des Kindes, die in Wirklichkeit deine ist, und sagst ihm, daß es keine Angst haben muß, denn du bist jetzt bei ihm. Sag ihm, daß du es liebst. Du erkennst, daß das Kind dich braucht und daß auch du das Kind brauchst. Vielleicht sagst du etwas wie:

„Ich bin da, um dich zu trösten und ich will, daß du immer bei mir bist."

Nimm die Hand des Kindes, und spüre sie in deiner Hand, wie sie sich in Liebe und Anerkennung in deine legt. Das Kind schaut in deine Augen und beruhigt sich. Jetzt läuft der Film durch die Jahre hindurch weiter, bis hin zur Gegenwart wachsen das Kind und du gemeinsam auf. Du kannst erkennen, daß dieses wunderbare Kind der Teil von dir selbst ist, den du verborgen hattest, die Teile von dir, von denen du meintest, sie seien nicht gut genug, die Träume, die du hinter dir gelassen hast, dein ideales Selbst, das beim Heranwachsen begraben wurde.

Du weißt, daß dieses Kind vollkommen unschuldig ist und daß dir dieser Teil deines Selbst dabei helfen wird, dich anzunehmen. Der Film kommt in der Gegenwart an, und wieder spulst du ihn zurück. Diesmal bleiben du und das Kind darin und spulen ihn bis zum Anfang zurück. Zu deinem neuen Anfang, an dem du absolut in dir selbst ruhst.

Jetzt bist du bereit, dir eine neue Zukunft vorzustellen. Achte auf die Stimmen in deinem Inneren, die dir erzählen, was nicht möglich ist. Höre nicht auf diese Stimmen. Für einen Augenblick schweigen sie, und alles ist möglich. Hand in Hand mit deinem vollständig verankerten, liebenden Selbst kannst du Mut schöpfen und in die Zukunft sehen, in eine Zukunft, die du erschaffst.

Der Film veranlaßt uns, daran zu denken, daß wir manchmal unsere Träume und Visionen hinter uns gelassen haben. Manchmal hat man uns erzählt, daß unsere Träume schlicht nicht zu verwirklichen seien. Im Verlauf der Jahre kamen wir zu der Ansicht, es sei zu spät oder wir hätten nicht die Fähigkeiten zu deren Verwirklichung. In meinen Seminaren erzählen mir viele Menschen, daß sie es vergessen hätten, auch nur daran zu denken, was sie wollten. Sie hatten einfach nicht die Zeit, das heißt, nicht die Zeit für sich selbst.

In deinem Inneren hörst du die Stimme der Intuition, die dir sagt, was du für dich selbst willst. Stell dir vor, es stünde dir frei, dich von dieser sanften inneren Stimme der Zufriedenheit führen zu lassen, die dir ein Gefühl von Zufriedenheit im Herzen schenkt: Was willst du wirklich?

Was würde dich wirklich glücklich machen, und was würdest du tun? Würdest du abnehmen? Würde dir dein Lieblingsrock passen, und könntest du die Bluse hineinstecken? Würdest du kreativer sein? Würdest du Gesang oder Malen lernen? Würdest du versuchen, ein Flugzeug zu steuern? Würdest du drei Tage lang an einem Strand liegen und schlafen? Würdest du deinen Chef feuern? Was meinst du, würde dir Spaß machen?

Denk daran und sprich zu dir: In diesem Augenblick liebe ich mich für die Möglichkeiten, die ich in mir habe.

Schon allein durch die Vorstellung und die Frage „Was will ich wirklich?" setzt du einen Prozeß in Gang, durch den all deine Gedanken durchleuchtet werden. Wenn du noch mehr Fragen stellst, erhältst du noch mehr Antworten. Du mußt den Mut aufbringen, ehrlich zu dir selbst zu sein. Wenn die Antwort kommt, dann halte sie in deinem Bewußtsein. Schreib sie auf. Hefte sie an deinen Badezimmerspiegel oder den Kühlschrank, wo du sie jeden Tag siehst.

Du wirst diese Gedanken über deine Möglichkeiten genauso hegen und pflegen wie alle anderen Samen auch, als ob du einen kleinen Baum zum Wachsen bringen würdest. Du würdest diesen kleinen Setzling doch nicht vergessen, oder?

In meiner Gruppe war einmal eine Frau namens Hedy. Sie wollte abnehmen, fand in ihrer Niedergeschlagenheit aber nicht die Motivation zur Verwirklichung ihres Wunsches. Ich fragte sie: „Was würde dir Spaß machen?" Sie sagte, daß ihr Mann vor ein paar Monaten gestorben war und sie keine Lust hatte, auch nur das Geringste zu unternehmen.

Sie trauerte, war von ihrem Kummer überwältigt. Ob es denn etwas gäbe, das sie und ihr Mann immer vorgehabt hätten, wozu sie gemeinsam aber nie die Zeit gefunden hätten, fragte ich sie. Einen Augenblick überlegte sie und meinte: „Ja, wir wollten immer eine Reise nach Neuseeland machen." „Habt ihr immer über ein bestimmtes Reisebüro gebucht?" fragte ich. „Ja", antwortete Hedy. „Vielleicht könnten die doch für dich eine Reise nach Neuseeland zusammenstellen?" entgegnete ich. Entsetzt über den Vorschlag, sah sie mich an: „Nein, ich würde doch nie alleine verreisen … Unmöglich!" „Hedy", sagte ich, „tust du mir einen Gefallen? Ruf das Reisebüro an, ehe du nächste Woche wieder hier erscheinst."

Sie zögerte, widersetzte sich aber nicht. Auch der Rest der Gruppe hatte unterschiedliche Aufgaben zu erledigen, die der Verwirklichung lang vergessener Träume dienen sollten. Ich werde nie vergessen, wie Hedy in der folgenden Woche mit leichteren Schritten in den Raum kam, wo der Kurs stattfand. „Ich habe anderthalb Kilo abgenommen." Ihre Verwandlung überraschte mich: „Wie hast du das geschafft?" Mit einem verschmitzten Lächeln auf dem Gesicht sagte sie: „Ich habe eine Reise nach Neuseeland gebucht, und ich werde nicht in diesen Elefantenklamotten dorthin aufbrechen!"

Sechs Monate später und dreizehn Kilo leichter war Hedy auf dem Weg nach Neuseeland. Aus dem Dunkel ihres Kummers hatte sie zum Licht gefunden, das immer darauf wartete, daß sie in ihm lebte. Sie hatte Freude an jenen Seiten des Lebens gefunden, von denen sie geglaubt hatte, sie gehörten für immer der Vergangenheit an. Was willst du wirklich? Gestatte es dir im Verlauf der nächsten Tage und Wochen, deine Träume und Wünsche zu leben! Wie immer sie auch aussehen mögen, schenke sogar denjenigen Beachtung, die dir „unmöglich" erscheinen.

Der Weg der Freude

Welchen gemeinsamen Nenner hat alles, was du willst? Welches Gefühl geben uns diese Dinge, die wir anstreben? Verursachen sie uns Schmerz oder Freude?

Freude, natürlich. Wenn wir es aus diesem Blickwinkel betrachten, ist unser tägliches Leben überwiegend mit Aktivitäten ausgefüllt, bei denen es auf die eine oder andere Weise darum geht, Freude zu suchen. Wir wollen uns gut fühlen, und das heißt, in unserer Haut wohlfühlen. Wir wollen in der Lage sein, unser Aussehen, unsere Handlungsweise und die Art, wie uns andere sehen, mögen zu können. Wir wollen Geborgenheit. Wir wollen gut aufgehoben sein. Wir wollen auch in der Lage sein, anderen Geborgenheit zu geben. Wir wollen dazu fähig sein, die geheimsten und intimsten Gedanken mitzuteilen und mitgeteilt zu bekommen, wollen ein Leben führen, das solche Gefühle widerspiegelt. Wir wollen geliebt werden.

Wenn wir diese positiven Gefühle ausleben, können wir uns zufrieden fühlen und heil werden. Wir beginnen, für uns Möglichkeiten zu sehen, von denen wir niemals geglaubt hätten, daß sie uns offenstünden. Wir fangen an, Kontakt mit dem Feld der unendlichen Möglichkeiten aufzunehmen, in dem Grenzen niedergerissen werden, und wir beginnen, derjenige Mensch zu sein, der wir immer sein wollten. Wir finden zu unserem Idealgewicht, erfreuen uns besserer Gesundheit, liebevollerer Beziehungen und größerer Kreativität. Es wartet ja so viel auf uns. Es existiert, und wir können voll und ganz menschlich handeln und fühlen, voll und ganz geben, voll und ganz lieben und geliebt werden.

In unserem Kulturkreis jedoch wird die Suche nach der Freude als selbstsüchtiges Handeln auf Kosten anderer Menschen betrachtet, was uns seelisch und emotional in einem unreifen Zustand verharren läßt. Wenn wir unsere Freude tatsächlich nur zum Zweck der Schmerzvermeidung suchen, dann kann dies zu einem Suchtmittel werden. Wenn wir erwarten, daß sich unsere Beziehungsprobleme durch eine Neuanschaffung in Luft auflösen, sind wir uns vielleicht nicht dessen bewußt, was wir wirklich wollen. Wenn wir glauben, wir fühlten uns wegen ein paar Plätzchen besser, dann liegt das möglicherweise an einer Kindheitserinnerung.

So gelangen wir also zur Einsicht, daß das Streben nach Freude der Beginn eines Weges ist, der uns zu einer stärkeren Verbindung mit uns selbst, mit anderen Menschen und dem Göttlichen in uns in Verbindung bringt. Dies ist ein erster Schritt hin zur Öffnung unseres Herzens gegenüber den Möglichkeiten, zu denen wir sonst keinen Zugang haben. Wir können es als ein Instrument zur Motivation nutzen, und es kann uns helfen, uns Schwierigkeiten zu stellen, mit denen wir alle von Zeit zu Zeit konfrontiert werden, und ihnen nicht auszuweichen.

Natürlich ist das Leben nicht immer angenehm. Das wissen wir alle. Mögen wir uns die ganze Zeit zu hundert Prozent? Tun wir immer das Beste für uns und andere? Sind unsere Beziehungen immer von Liebe geprägt? Erfüllen wir immer unsere Verpflichtung, uns selbst zu lieben? Das Leben ist nicht immer so einfach. Von so vielen Seiten wirken Belastungen auf uns ein. Möglicherweise verlieren wir die Arbeitsstelle. Vielleicht müssen wir umziehen. Jemand, den wir lieben, geht oder wird uns genommen. Wir geben unser Bestes, aber wir fühlen uns unverstanden, sogar schuldig und nicht gut genug. Wir tun unser Bestes, aber manchmal haben wir das Gefühl, wir hätten nicht genug getan.

Das ist ein schreckliches Gefühl, die Enttäuschung und das Gefühl in unserer Magengegend, das uns sagt, etwas sei danebengegangen. Und für viele unter uns kann es zum Auslöser werden, dieses Gefühl durch etwas Angenehmeres zu kompensieren. Wenn wir uns früher seelisch nicht wohlfühlten, war es eine typische Reaktion, in unserem Umfeld nach der Antwort zu suchen.

Für viele unter uns bestand diese Kompensation im Essen, aber das war nicht das, was wir brauchten. Für eine kurze Weile fühlen wir uns dadurch vielleicht besser, wenn aber das Gewicht zunimmt und die Kleider enger werden, verschlimmert es unser Leiden nur noch, anstatt unser Streben nach Freude zu unterstützen. Was ist also die Lösung? Eine Schlankheitskur?

Du mußt dir nur all die auf dem Markt befindlichen Diäten betrachten, um zu wissen, daß sie nichts taugen. Eine typische Schlankheitskur ruft ein Gefühl der Entbehrung hervor, das Leid und keine Freude verursacht. Du kannst dein Idealgewicht so in deinen Alltag integrieren, daß du es für immer halten kannst. Wie das kurzfristige Vergnügen, das du in einem stressigen Augenblick beim Genuß von Schokolade hast, so ist auch eine Schlankheitskur keine dauerhafte Lösung. Du nimmst wieder zu und stehst vor dem gleichen Schlamassel wie zuvor. Das ist der Yoyo-Effekt, und du bist sicher nicht die einzige Person, die ihn gut kennt.

Wie kannst du also aus diesem Teufelskreis ausbrechen? Dieses Buch hilft dir ganz wesentlich beim Ablegen alter Gewohnheiten und Denkweisen, in denen du gefangen warst. Es kann dir auch dabei helfen, Ganzheit zu finden, dich selbst im Innern anzunehmen und eine praktikable Struktur zu finden, durch die du zum Idealgewicht kommst. Du kannst einen Ausgleich finden, indem du dein gesamtes Leben auf die Wünsche deines Herzens hin durchforschst, anstatt dein Vergnügen im Essen zu suchen.

Hier handelt es sich nicht um reine Kompensation, also darum, eine Sinnenfreude durch eine andere zu ersetzen. Die Freuden, die du in dieser Woche finden kannst, liegen im Bereich des Körpers, des Geistes und der Seele. Um sie zu entdecken, bist du gefordert, deine eigenen Wünsche und Ziele auf eine Weise zu durchleuchten, durch die deine Einstellung zu dir selbst und der Welt erweitert wird. Betrachte dich als jemand, der Liebe sucht, als eine Person, die zu unendlicher Kreativität, zu absoluter Liebe fähig und die liebenswert ist.

Entscheide dich für das Leben, durch das du deinen Träumen näher kommst

Würdest du dich jetzt zur Verwirklichung deines Traumes entschließen, wenn du wüßtest, das ein Scheitern unmöglich ist? Durch diese Entscheidung setzt du deine Gedanken in die Tat um. Nehmen wir das noch einmal genauer unter die Lupe. Viele der Probleme, denen wir im Leben begegnen, resultieren nicht aus falschen Entscheidungen. Sie kamen zustande, weil wir uns zu überhaupt keiner Entscheidung durchgerungen haben.

Wenn wir überzeugt und nachdrücklich eine Entscheidung treffen, ist es uns möglich, das zu erreichen, was wir wollen. Wenn wir uns mit Unentschiedenheit und Zögern herumschlagen, geht uns diese Fähigkeit verloren. Wenn in unserem Leben eine Veränderung vonstatten gehen soll, müssen wir die Bereitschaft mitbringen, energisch eine Richtung einzuschlagen. Zugunsten einer besseren Zukunft müssen wir uns entschließen, das aufs Spiel zu setzen, was wir derzeit haben. Vor diesem Risiko kann einem schon angst und bange werden! Der krasse Unterschied zwischen unserer alten Denkweise und unserem neuen Erfolg kann dazu führen, daß wir uns desorientiert und verwirrt vorkommen. Das ist normal. Es ist Teil der Veränderung und wird vorbei sein, wenn du die Vollständigkeit deines Wesens entdeckst.

Wenn ich dir von einer Entscheidung erzähle, die nicht einfach für mich war, wirst du dich an eine ähnliche Situation aus deinem eigenen Leben erinnern. Als ich den Entschluß faßte, in die Schweiz zu ziehen, war ich der Ansicht, die Sicherheit des Landes, in dem ich aufgewachsen war, und dessen Sprache aufgeben zu müssen. Das hieß, daß meine Familie und meine Freunde weit weg sein würden. Als ich mich dafür entschied, in die Schweiz zu ziehen, traf ich damit auch die Entscheidung, nicht nach Kalifornien, England oder irgendwo sonst auf der Welt zu gehen. Wir können nicht überall sein. Wir müssen uns entscheiden. Und um uns unserer Sache sicher zu sein, müssen wir uns absolut darüber klar sein, was uns im Augenblick wichtig ist.

Doch anstatt eine positive Entscheidung zugunsten einer Sache zu treffen, lassen wir bisweilen den Schmerz darüber entscheiden, was wir nicht wollen. „Ich will den Schmerz einer Veränderung nicht fühlen, also bleibe ich so, wie ich immer gewesen bin." „Ich komme mir dumm vor, wenn ich um Hilfe bitte." Aber wie weh tut es eigentlich, dich jeden Tag anzusehen und dich zu fragen, warum du nicht der Mensch sein kannst, von dem du immer geträumt hast? Hindern dich etwa deine Zweifel daran?

Sowohl körperlich als auch emotional tun wir unserem Wesen entsprechend alles, um Schmerz zu meiden. Hat dir dein Gewicht nicht schon genug Schmerzen zugefügt? Bist du bereit, dich zu einer Veränderung zu entschließen? Das heißt, du mußt alle Möglichkeiten ausschließen, die es dir weiterhin erlauben, Übergewicht zu haben. Sag es laut: „Ich will mein Übergewicht nicht mehr haben." Denk daran: Wir bekommen das, wofür wir uns entscheiden.

Wenn du dieses Buch liest, dann hör darauf, was deine innere Stimme dir sagt. Zuerst mag diese Stimme nur schwach und kaum zu hören sein. Je mehr du dir selbst vertraust und auf dich hörst, um so lauter und kräftiger wird diese Stimme werden. Das ist die Stimme deiner echten Wünsche. Jede Entscheidung erfordert Mut. Weil wir Unbekanntem gegenüberstehen, fürchten wir die Möglichkeit, uns selbst aufzugeben, wir fühlen uns als Versager, und manchmal fürchten wir uns sogar vor dem Erfolg.

Wenn du dich – aus welchem Grund auch immer – dazu entschließt, daß es für dich noch nicht an der Zeit zum Abnehmen ist, dann leg dieses Buch einfach beiseite, und nimm es wieder in die Hand, wenn du dazu bereit bist. Es ist kein Versagen, wenn du deinem eigenen Tempo folgst.

Für dieses Buch wirst du nur wenig Zeit brauchen, es ist aber nur der erste Schritt. Der nächste besteht darin, die in dir gefundene Weisheit zu leben. Es ist wichtig, daß du dir selbst Zeit gibst, um das neue Lernen zu leben, bevor du die Herausforderung weiterer neuer Ideen annimmst. Laß das neue Wissen von deinem Gehirn in dein Herz, deinen Magen, deine Seele und in jede Faser deines Wesens übergehen. Ziehe Kraft aus seinen Worten. Trage dieses Buch bei dir, und schlage zu jeder Tageszeit eine Botschaft der Hoffnung und des Wachstums auf. So sieht der Weg zum Erfolg aus: Es genügt nicht, es zu wissen, sondern du mußt dieses Wissen auch leben und daran glauben.

Wenn du dieses Buch liest, konzentriere dich völlig. Vielleicht stellst du das Telefon ab, schließt die Tür ab oder sagst den Menschen deiner Umgebung, daß du für die nächsten paar Stunden nicht zu sprechen bist. Schenk dir jetzt diese Zeit, damit du das finden kannst, wonach du so lange gesucht hast. Das ist deine Zeit. Laß es zu, daß du neue Gedanken denkst und zu neuen Visionen findest, während du diese Worte in dir aufnimmst.

Leg dir ein Notizbuch in Reichweite. Es kann zu deiner persönlichen Entdeckungsreise werden. Unterstreiche oder markiere die Gedanken in diesem Buch, die dich ansprechen. Vielleicht möchtest du entspannende Musik hören. Beginne diese Reise im Wissen, daß dein Leben bereit ist aufzublühen. Du bist bereit, Seiten von dir kennenzulernen, von denen du überrascht sein wirst.

Wenn wir uns einer Veränderung gegenüber öffnen, beginnen wir damit, von anderen, der Natur, unserem inneren Selbst und der Höheren Weisheit zu lernen, die unser Universum durchdringt. Unsere eigene Kreativität und unser intuitives Wissen beginnen, in uns zu tanzen, sie verbinden uns mit anderen Menschen und mit dem Geist. Unsere Herzen öffnen sich weit und bringen Sonnenschein, wo nur grauer Himmel war. Unter den überflüssigen Pfunden liegt soviel Schönheit und Selbsterfüllung. Durch das Abnehmen wird uns der Weg zu tieferem Frieden eröffnet, der auf uns wartet. Geh mit mir auf eine Reise, Hand in Hand, Herz in Herz.

2. Schritt

Verliebe dich in deinen Körper

Früher nahm man an, daß man nur durch Essen die eigene, innere Schönheit erleben könne. Heute wissen wir, daß es so viel mehr gibt, nämlich das Mentale, Psychische und Spirituelle. Obwohl uns unsere Sinne sagen, der Körper sei ein solides, massives anatomisches Gebilde, das den Bedingungen von Zeit und Raum unterliegt, ist das nicht wirklich der Fall.

Die Wahrheit ist, daß unsere Körper Ströme aus Intelligenz, Information und Energie sind, die in jeder Sekunde ihrer Existenz einer Erneuerung unterliegen. Der Körper ist kein „Ding", sondern vielmehr ein Prozeß. Sogar vom Körperlichen her gesehen gibt es mehr Aspekte als nur das Essen, die dich zum Strahlen bringen. Bei diesem Schritt konzentrieren wir uns auf vier Bereiche, die dir helfen werden, dein Idealgewicht zu erreichen:

● Indem du deinen Körper durch Essen und Trinken ernährst,
● indem du deinen Körper bewegst,
● indem du deinen Körper ausruhen läßt und
● indem du deinen Körper durch Aufmerksamkeit deinen Sinnen gegenüber nährst.

Das Geheimnis, mittels dessen ich einen schönen Körper entdeckt habe, liegt in Mäßigung und Ausgewogenheit. Mäßige Portionen, ausgeglichene Ernährung, ein Gleichgewicht zwischen der Aufnahme von Nahrung und Bewegung, eine Ausgeglichenheit zwischen dem, was du für andere tust, und der Beachtung, die du dir selbst schenkst, sowie ein ausgewogenes Interesse an der Nahrung und am Leben.

Ein neuer Zugang zum Essen

Essen hat so seine Widersprüchlichkeiten. Es kann uns ein Gefühl der Befriedigung oder der Leere geben. Haben wir nicht alle schon in den offenen Kühlschrank gestarrt und uns gefragt: „Was will ich?" Vielleicht essen wir, seien wir nun hungrig oder nicht, nur um zu entdecken, daß das von uns Gesuchte nicht im Kühlschrank zu finden ist.

Wenn wir essen, ohne hungrig zu sein, ist das ein Zeichen dafür, daß das Essen und unser inneres Selbst nicht miteinander in Kontakt sind. Wir verwechseln unser Bedürfnis nach Eßbarem mit einem Bedürfnis nach anderen Arten der Ernährung. Das Essen kann ein Ersatz für mangelnde Liebe sein. Vielleicht hungern wir anstatt dessen, weil es uns an spiritueller Nahrung fehlt. Vielleicht sind wir überwältigt von unseren Emotionen und essen, um unsere Gefühle zu beruhigen und zu betäuben. Wir essen und essen in der Hoffnung, irgendwie zu dem Teil von uns selbst zu gelangen, der wirklich der Nahrung bedarf.

Gleichzeitig wissen wir so viel darüber, was wir essen und was wir nicht essen sollen. Kalorien, Pfunde, Kohlehydrate, Proteine, Hungerkuren, Ananasdiäten, Yoghurtdiäten. Jeden Monat, wenn die Zeitschriften am Kiosk erscheinen, erfahren wir, daß es eine neue Wunderkur für unser Übergewicht gibt. Wir zählen Kalorien, beobachten den Zeiger an der Waage und halten uns an Diätpläne, die kurzfristig Erfolge zeigen können, aber am Ende haben wir das Gewicht wieder drauf.

Einige Diätpläne verlangen von dir, bestimmte Lebensmittel zu essen, die überhaupt nicht deiner Lebensweise entsprechen. Vielleicht bist du motiviert, einige dieser Diäten ein paar Monate lang auszuprobieren, kehrst aber immer wieder zu deinen Gewohnheiten zurück. Wenn du dir Lebensmittel, die du magst, völlig versagst, ist das ein Rezept für einen Mißerfolg.

Darüber hinaus wissen wir, daß dein Körper nach mehr schreien wird, wenn ein Lebensmittel nicht sättigend und nahrhaft ist. Wenn du dich also mit Miniportiönchen aushungerst, wird dein Körper automatisch deinen Stoffwechsel drosseln und alle ihm zugeführte Energie sparsam nutzen. Ist die Diät beendet, ersetzt der Körper rasch alles Verlorene. Und weißt du, was das heißt? Du hast dir den Yoyo-Effekt eingehandelt! Wie sollen wir dieses Durcheinander verstehen?

Wie also lernen wir es, so zu essen, daß wir nicht die so lange von uns gelebten Fehler und Denkweisen wiederholen? Wir können keine Schlankheitskuren mehr machen. Wir können uns nicht länger für

Opfer unseres Hüftumfanges halten. Kein Kampf mehr. Kein Leiden mehr.

Als ich übergewichtig war, frühstückte ich niemals. Ich wußte nie richtig, wann ich hungrig war, und konnte nie sagen, wann ich satt war. Ich aß, wenn der Zeiger an der Uhr sagte, daß es Zeit für das Mittag- oder Abendessen war. Ich aß Portionen, von denen ich glaubte, sie seien gerade richtig, obwohl sie mich aufgedunsen und schläfrig machten. Man hatte mir beigebracht, meinen Teller immer leer zu essen, so kam es mir also nie in den Sinn, daß ich ein paar Bissen nehmen und den Rest stehen lassen konnte. Ich mußte all diese Denkmuster ablegen und mir dessen bewußt werden, was mein Körper wirklich brauchte.

Während sich dein Körper an die neue Nahrung gewöhnt, wirst du merken, was er braucht, um sich ausgeglichen und voller Energie zu fühlen. Jetzt fange ich meinen Tag mit ein wenig Müsli und Früchten an. Beim Mittag- und Abendessen esse ich so viel, wie mein Körper mag, und nicht so viel, wie mir serviert wurde oder wieviel auf meinen Teller geht. Anstatt einfach nur zu essen, ohne mir über meine Gefühle im klaren zu sein, frage ich mich zuerst, wie ich mich fühle. Indem ich zuerst an mich selbst statt an das Essen denke, bleiben meine Prioritäten klar. Auf diese Weise respektiere ich meinem Körper und vertraue darauf, daß er mir sagt, was ich wirklich brauche.

Als ich damit anfing, Kurse über Gewichtsreduktion zu leiten, wollte ich den Teilnehmern sagen: „In diesem Seminar geht es nicht um Nahrungsmittel!" Aber niemand würde mir Glauben geschenkt haben. Wie kann es bei einem Kurs über Gewichtsabnahme denn nicht um Lebensmittel gehen? Sie hätten geglaubt, ich sei verrückt.

Ich hörte, daß ein renommierter Arzt, Dr. Michael Klaper, in die Schweiz kommen würde. Obwohl er ein Kardiologe ist, hatte er auch ein Programm zur gesunden Ernährung ausgearbeitet. Es half seinen Patienten beim Abnehmen und sorgte dafür, daß ihr Herz geringerer Belastung ausgesetzt war.

Ich ging zu seinem Vortrag und fragte ihn danach um Rat. „Dr. Klaper, wir wissen beide, daß es bei der Gewichtsabnahme mehr um die Veränderung von Denkgewohnheiten geht als um die Nahrung. Wir wissen, daß diese Schlankheitskuren nicht funktionieren. Die

Menschen brauchen aber Richtlinien. Zu welcher Ernährung raten Sie Ihren Patienten?"

Unser Treffen dauerte etwa eine Stunde lang, und es wurde später zu meiner Rezeptur für eine gesunde Ernährung. Mit dieser Rezeptur behielt ich fünfzehn Jahre lang mein Idealgewicht. Auch du wirst dein Idealgewicht erreichen, wenn du dich, zusammen mit den andern Ideen aus diesem Buch, so ernährst.

Eine unkomplizierter Blick auf das, was wir essen sollen

Hast du Hunger auf Nahrungsmittel?

Wenn du dich dabei ertappst, nach etwas Eßbarem zu greifen, dann frage dich, ob du wirklich Hunger auf Nahrungsmittel hast, und überprüfe deinen Körper. Ist dein Magen zufrieden, frage dein Herz: „Was brauche ich wirklich?" Es könnte sein, daß du Bewegung oder ein Nickerchen brauchst. Vielleicht solltest du mit einem Freund oder einer Freundin reden oder eine Weile allein sein. Frage deinen ganzen Körper: Was will mir dieser Impuls sagen? Unser Körper ist unser bester Freund. Durch Gefühle und Emotionen schickt er uns Signale, die uns sagen, wann wir genug haben.

Wenn du Hunger auf Eßbares hast, dann entscheide dich bewußt für alles, was du essen wirst. Durch einige Lebensmittel wird sich dein Körper stark und ausgeglichen fühlen, während andere dich tatsächlich noch hungriger als vor dem Essen machen. Wir verlangen viel von unserem Körper. Er steht morgens auf, er geht, rennt, hebt, bück sich, denkt und fühlt. Was kannst du für deinen Körper tun? Gib ihm Nahrung, die ihm auf die bestmögliche Art und Weise Energie zuführen. Gib ihm gute Nahrung.

Aus diesem Grund habe mich dazu entschlossen, diese Richtlinien zur Nahrung einfach zu halten: Je mehr Aufmerksamkeit du einem Problem schenkst, um so größer wird es. Hast du je eine Schlankheitskur gemacht, bei der du Kalorien gezählt hast?

Ich erinnere mich daran, mit einer Kalorientabelle in einem Restaurant gesessen zu haben und die Zutaten eines jeden Menübestandteils zusammengerechnet zu haben, ehe ich meine Entscheidung traf. Es mag ein wenig dumm erscheinen, aber nur um die Mahlzeit zusammenzustellen, mußte ich soviel Energie aufbringen, daß ich schnell das Interesse an dieser Art der Ernährung verlor. Es war nicht machbar, denn sobald alle Kalorienbeträge zusammengerechnet waren und ich mich entschieden hatte, war es an der Zeit, wieder zur Arbeit zurückzugehen. Anstatt zufrieden zu sein, war ich nur frustriert.

Wenn du dem Essen eine derartige Beachtung schenkst, bekommt es eine Macht, die mit dem Rest des Lebens nicht mehr harmoniert. Ich möchte, daß du dich darauf konzentrierst, nahrhafte, gesunde Lebensmittel in Maßen zu dir zu nehmen.

Marys Leitfaden für die tägliche Ernährung

Bevor du etwas zu dir nimmst, frag dich selbst, ob du wirklich Hunger auf etwas Eßbares hast. Wenn du hungrig bist, iß maßvoll. Nichts ist verboten.

Das solltest du täglich zu dir nehmen:
- drei Handvoll Kohlehydrate,
- eine Handvoll Protein,
- fünf Früchte, entweder frisch oder getrocknet,
- jedes Gemüse, das du magst,
- einen kleinen Finger Fett,
- Wasser.

Drei Handvoll Kohlehydrate

Im Rahmen einer gesunden Ernährung solltest du dreimal täglich eine Handvoll pflanzlicher Kohlehydrate zu dir nehmen.

Pflanzliche Kohlehydrate wie Reis, Kartoffeln, Brot und Polenta sind ballaststoffreich, schenken Energie und können vom Körper leicht aufgenommen werden. Iß nicht weniger als das. Um Brennstoff abbauen zu können, brauchst du Brennstoff. Diese Lebensmittel sättigen, befriedigen das Bedürfnis deines Körpers nach Nahrung und sorgen dafür, daß alle Vorgänge reibungslos ablaufen

51

und er nicht außen zunimmt und innen verstopft. Pflanzliche Kohlehydrate sollten ein fester Bestandteil deiner täglichen Ernährung sein.

Eine Handvoll Protein

Proteine wie etwa Fisch, Eier und Nüsse sind ein wichtiger Teil der Nahrung. Normalerweise nehmen wir aber mehr Protein zu uns, als wir tatsächlich brauchen. Für die meisten Menschen ist eine Handvoll proteinreicher Nahrung genug. Denk auch daran, wieviel Fett sich in den von dir ausgewählten Proteinen befindet. Wenn du normalerweise Rind- und Schweinefleisch sowie Lamm ißt, dann überlege dir eine Alternative zu diesen Mahlzeiten wie Fisch oder Huhn. Wenn du kein Fleisch ißt, dann ist das auch gut. Denk nur daran, Protein aus anderen Quellen zu dir zu nehmen.

Fünf Handvoll Obst

Getrocknetes oder frisches Obst schenkt uns sofort fettarme Energie. Vor vielen Jahren konnten wir nicht während des ganzen Jahres auf eine große Auswahl von Obst zurückgreifen. Wir lagerten Äpfel im Keller, und im März waren diese nicht mehr sehr ansehnlich, aber wir aßen einen oder zwei. Jetzt gibt es Kiwi aus Jakarta, Mango aus Hawai und Klementinen aus Spanien. Schneide Früchte unter dein Frühstücksmüsli, oder presse ein paar Orangen aus und bereite dir ein frisches Glas Saft zu.

Gemüse, Gemüse, Gemüse

Gemüse, insbesondere grüne Gemüse, sind voller Nährstoffe und haben wenig Kalorien. Iß davon, soviel du willst. Sie sättigen und geben dir die Vitamine und Mineralstoffe, die du zur Erhaltung deiner Gesundheit brauchst. Sei kreativ und füge deinen normalen Soßen Pilze, Zucchini und Auberginen bei. Vergiß nicht frische Kräuter wie

Basilikum, Oregano, Rosmarin und Estragon. Auch sie sind gesund und geben den Speisen ein wunderbares Aroma.

Ein Finger Fett pro Tag

Betrachte deinen kleinen Finger. Je nach Alter, Körper und deinen körperlichen Aktivitäten steht dieser Finger für ungefähr 25 bis 60 Gramm Fett. Soviel Fett brauchst du zur Aufrechterhaltung deiner Gesundheit an einem Tag. Nun mag diese Angabe nur sehr vage erscheinen. Hier entscheidest du, wieviel zuviel ist. Es sind nicht Zahlen, die dir beim Abnehmen helfen, es ist die Verantwortung, die du für die Auswirkungen auf deinen Körper übernimmst. Du entscheidest, welche Nahrungsmittel du zu dir nimmst. Du weißt, daß du abnehmen willst. Du weißt, daß du nur einen Finger Fett pro Tag brauchst. Denke nur daran, was Dr. Michael Klaper sagt: „Das Fett, das du ißt, trägst du auch mit dir herum."

Man kann Nahrungsmittel in Teflonpfannen zubereiten, sie im Backofen anstatt in der Pfanne garen und eine Soßenbasis aus Bouillon anstatt aus Butter machen; all das ist kreatives Kochen. Wenn du beim Kochen weniger Fett benutzt, heißt das, du kannst ohne schlechtes Gewissen ein Stück Käse oder Schokolade essen.

Wasser, Wasser und noch mal Wasser

Wasser ist für den Körper wichtig, aber die meisten von uns trinken nicht genug. Ich versuche, mindestens acht Gläser Wasser am Tag zu trinken, entweder Mineralwasser oder einfaches Wasser, immer mit einem Spritzer Zitrone oder Limone. Trink soviel Wasser, wie dein Durst verträgt. Dadurch kann dein Appetit gezügelt und deine Verdauung gefördert werden. Sobald dein Körper mit dem Fettabbau beginnt, hilft das Wasser auch beim Ausspülen der Abbaustoffe.

Früher trank ich Wasser aus einer alten Tasse, die bei mir herumstand. Dann kaufte ich eines Tages ein elegantes kristallenes Wasserglas und nahm es mit nach Hause. Plötzlich wurde das Trinken von Wasser, das vorher nur eine Notwendigkeit gewesen war, zu etwas Besonderem! Ich fühlte mich königlich, wenn ich aus diesem Glas trank. In meinen Seminaren kaufen die Leute sich oft neue Wassergläser als Belohnung dafür, daß sie ihren ersten Schritt auf ihr Idealgewicht zu gemacht haben. Mach das Wasser zu etwas Besonderem! Nimm dein schönstes Glas, oder kaufe dir als besonderes Geschenk an dich selbst ein neues.

Wenn du wie ich Kaffee, Tee oder Limonade magst, dann sei dir über die Menge im klaren. Kaffee, Tee und Limonade schmecken ja so gut! Das Koffein in Kaffee oder Tee kann einige Menschen aber zitterig machen und ihren Appetit anregen. Der Zucker in Limonaden kann dem eines Schokoriegels entsprechen. Sei dir nur bewußt, was in den Nahrungsmitteln und Getränken enthalten ist, die du zu dir nimmst. Du sollst wissen, daß nichts verboten ist, wenn du dich entscheidest. Du weißt ja, daß alles Verbotene viel interessanter als das Erlaubte ist.

Frage dich: „Was kann ich heute essen?", anstatt zu sagen: „Das darf ich nicht. Alles ist erlaubt. Es steht mir frei, alles zu essen, worauf ich Lust habe." Sogar Schokolade. Ein Löffel Fett pro Tag ist absolut in Ordnung. Wenn sie flexibel und maßvoll genossen werden, sind alle Nahrungsmittel erlaubt. Sei flexibel anstatt dogmatisch, und du wirst den Weg in neues Leben finden. Du kannst von Kopf bis Fuß dein Idealgewicht haben. Du mußt dir nichts vorenthalten.

So findest du ein neues Verhältnis zur Orange

Als ich damals meine Ernährungsgewohnheiten änderte, sagte man mir, ich sollte anstatt Süßigkeiten lieber Obst essen. Obst? „Wie langweilig", dachte ich. Ich erinnere mich daran, als kleines Kind in die Küche gekommen zu sein und nach Plätzchen gefragt zu haben. Bisweilen sagte meine Mutter dann: „Nimm statt dessen einen Apfel." Meiner Ansicht nach war Obst ein schlechter Ersatz für das, was ich wirklich haben wollte, aber nicht bekommen konnte.

Als Erwachsene erkannte ich, daß ich noch immer dieselbe Meinung im Kopf hatte. So ging ich also eines Tages ins Obstgeschäft und suchte die schönste Orange aus, die ich finden konnte. Ich nahm sie mit nach Hause und hielt ihre runde Form in meiner Hand. Ich betrachtete sie, roch an ihrer Schale, rieb über ihre unebene, weiche Oberfläche, und schließlich schälte ich sie ganz langsam. Langsam aß ich jede Scheibe, kostete das volle Fruchtfleisch und den süßen Saft, der meine Zunge berührte.

Das war kein Ersatz. Das war die absolute Sinnenfreude. Von diesem Augenblick an aß ich Früchte zwischendurch oder zum Nachtisch und hatte nicht im geringsten das Gefühl, etwas zu mir zu nehmen, das zweite Wahl war.

Gibt es Lebensmittel, die du neu kennenlernen willst? Geh in ein Geschäft und such dir das Schönste heraus, das du finden kannst. Gib dich nicht mit irgendeinem alten Apfel zufrieden. Wähle denjenigen aus, der deine Augen, deine Nase, deine Tastsinn und deine Geschmacksnerven anspricht. Lerne, diejenigen Lebensmittel zu schätzen, die dem Körper in seiner Absicht, sein Idealgewicht zu erreichen, entgegenkommen. Wenn du das Gefühl hast, nur einen Ersatz für das zu essen, was du lieber möchtest, veranstaltest du irgendwann ein Freßgelage und kehrst zu deinen alten Gewohnheiten zurück.

Weil sie ein wichtiger Teil deines neuen Lebens ist, sollte dir deine neue Lebensmittelpalette Freude bereiten. Laß deinen Geschmacksnerven und deinem Körper Zeit zur Eingewöhnung, und wenn es dir genauso wie mir geht, dann werden all diejenigen Lebensmittel wie die wunderbarsten Dinge auf der Welt schmecken, durch die du dein Idealgewicht halten kannst.

Sorge für deinen Körper

Bewegung ist genauso wichtig wie die Auswahl der Lebensmittel. Andere Lebensmittel zu essen ist nur die halbe Miete. Wenn dein Körper gesund bleiben soll, mußt du dich bewegen. Jede Art der Bewegung ist gut, solange du sie tatsächlich ausübst. Tu soviel du magst. Mehr ist immer besser und ein wenig ist besser als nichts.

Ich liebe es, im Freien in einer schönen Umgebung zu wandern und zu beobachten, wie die Jahreszeiten ineinander übergehen. Ich schwimme auch gern, und wer tanzt nicht gerne im Wohnzimmer? Erfinde eine neue Bewegungsart, bei der du dich wohl fühlst, und vergiß nicht, für das erstaunliche Wunder deines Körpers dankbar zu sein. Gib deinem Körper jeden Tag eine angemessene Ruhepause.

Eine weitere Plage, auf die wir gut verzichten können, ist der Schlafmangel. Wenn dein Körper ausgeruht ist, sind auch deine Seele und dein Geist frisch und voll neuer Kraft. Wenn du lange aufbleibst und früh zur Arbeit gehen mußt, versuche nach dem Heimkommen ein kurzes Nickerchen zu halten. Sogar wenn du dich nur eine Viertelstunde hinlegst, kann dies eine wertvolle Erholung sein. Innerhalb von ein oder zwei Wochen werden du und dein Körper angenehm und in gegenseitigem Respekt und Liebe bis hinein in jede Zelle miteinander leben.

Nähre deine Sinne

Die richtigen Nahrungsmittel, Wasser und Bewegung helfen uns bei der Gesundung unseres Körpers; dieser verlangt aber noch nach mehr. Wir sind ganzheitliche Wesen, die jedes Erlebnis auf einer Vielzahl verschiedener körperlicher und nicht-körperlicher Ebenen wahrnehmen. Alle unsere fünf Sinne brauchen „Nahrung", die uns dabei hilft, unser Bewußtsein und unser Gefühl für ein ausgeglichenes Leben zu entwickeln. Auch unser sechster Sinn, unser Höheres Selbst, braucht Nahrung.

Normalerweise nutzen wir unsere Sinne, ohne über sie nachzudenken. Wenn wir einen herrlichen Baum sehen, denken wir üblicherweise nicht daran, welch ein Wunder es ist, daß wir ihn sehen können. In der Regel wissen wir seine Schönheit zu schätzen. Wenn wir auf uns selbst hören, können wir uns die Zeit nehmen und ein Bewußtsein für diese Dinge entwickeln.

Wir sehen den Baum und sind dafür dankbar, ihn sehen zu können. Uns fallen die hellgrünen Blätter auf, und wir beginnen Vögel zu sehen, die auf seinen Ästen sitzen. Wir fragen uns, wie tief eigentlich die Wurzeln reichen müssen, damit sie einen solch großen Baum tragen können. Wir bemerken, daß sich die Wolken verzogen haben und der Baum jetzt vor einem klaren, blauen Himmel steht. Wir hören den Wind in den Blättern. Je bewußter wir werden, um so mehr Ruhe finden wir in diesen Erfahrungen.

Achte darauf, wie du atmest und wie dein Körper mit dieser Atmung zusammen sich bewegt. Eine Frau geht vorbei, du riechst ihr Parfum und fragst dich, welche Marke es ist. Im Zug sitzt du neben jemandem, und deine Sinne sind erfüllt von seiner Gegenwart. Dieser Mensch ist genau wie du jung oder alt, Elternteil oder Kind und hat ein Schicksal. Während sich in diesen wenigen Minuten eure Wege kreuzen und du über sie nachdenkst, bist du dir dessen bewußt, gemeinsam mit ihm grundlegende menschliche Eigenschaften zu teilen.

Wir werden alle unsere Sinne beleben, lieben und verwöhnen. Dadurch wird unsere Motivation bestärkt. All unsere Sinne beginnen, völlig miteinander zu harmonieren. Wir entdecken, daß wir Wunder sind, die sich bewegen, leben und atmen. Du kannst die Fähigkeit entwickeln, bewußt zu werden. Versuche, einmal am Tag zur Ruhe zu kommen und dich auf ein Thema zu konzentrieren, das zu lernen du dir vorgenommen hast. Hier nun einige Anregungen, mit denen du anfangen kannst. Ergänze die Liste durch deine eigenen Ideen und praktiziere sie!

Augen/Sehvermögen

- Was ist deine Lieblingsfarbe? Kaufe ein Bild oder ein Kleidungsstück, das dich an diese Farbe erinnert.
- Geh hinaus ins Freie und mach einen Spaziergang in deinem Viertel. Suche nach Dingen, die dir vorher nicht aufgefallen sind.
- Lege zur Entspannung Gurkenscheiben auf deine Augen.

Nase/Geruchssinn

- Blumen, Blumen und noch mal Blumen! Stelle zu Hause jede Woche einen duftenden Blumenstrauß auf. Wähle die Blumen nach ihrem Duft statt der Farbe aus.
- Benutze ein neues Parfüm.

- Bade in Aromatherapie-Öl.
- Entzünde zu Hause Duftkerzen oder Räucherstäbchen.

Haut/Hände/Tastsinn

- Gönn' dir eine entspannende Massage.
- Gönn' dir Maniküre und Pediküre.
- Nimm ein langes, warmes Bad bei Kerzenschein.
- Reib deine ganze Haut mit einem Luffahandschuh ab, um den Blutkreislauf anzuregen.
- Wenn du deine Haut verwöhnst, fühlst du dich besonders wohl. Verwöhne deinen Körper mit einer Vitamin- oder Minerallotion.

Ohren/Gehör

- Hör dir ein Musikstück an, das dir gefällt, das du aber schon lange nicht mehr oder noch nie angehört hast.
- Such einen dir unbekannten Radiosender aus und hör zu.
- Geh ins Freie und konzentriere dich auf die Geräusche, die du hörst. Was kannst du hören? Vögel? Autos? Blätter und Gras, die im Wind rauschen? Türen, die sich öffnen?
- Hör dir Liebeslieder an und verliebe dich in die Musik. Oder hör dir Rockmusik an, sing mit und tanze für dich allein.
- Bitte jemanden zu sagen: „Ich liebe dich." Hör genau hin.

Lerne dich selbst zu beobachten

Wenn du dich selbst besser kennengelernt hast, beobachte das, was du tust, ohne es zu werten. Kennst du zum Beispiel alles, was du ißt? Bist du dir jeden Bissens bewußt, der in deinen Mund wandert? „Natürlich", denkst du vielleicht.

Während ich drei kleine Jungs aufzog, verbrachte ich viel Zeit in der Küche. Ich bereitete drei Mahlzeiten am Tag zu, stellte Zwischenmahlzeiten zusammen, kochte für Freunde und Nachbarn, die zum Essen kamen. Immer hatte ich Übergewicht, wußte aber nicht genau, warum, denn zu den Mahlzeiten aß ich sehr wenig.

Eines Tages war meine Freundin Marilyn bei mir, und ich erzählte ihr, wie enttäuscht ich deshalb war. „Ich verstehe nicht, warum ich dick bin. Soviel esse ich doch gar nicht!"

Marilyn betrachtete mich genau. Dann sagte sie: „Mary, vielleicht ißt du mehr, als dir bewußt ist!" Was? Ich und nicht wissen, was ich esse? Einfach lächerlich! Und obwohl mich ihre Worte etwas verletzten, war mir klar, daß ich ihr besser zuhören sollte, und also tat ich es auch.

„Ich habe beobachtet, daß du beim Abräumen die letzten Bissen von den Tellern der Jungs nimmst, und wenn du ihnen ihre Portion Eis austeilst, genehmigst du dir selbst ein paar Kugeln. Beim Backen naschst du immer ein wenig. Ich weiß, das du das als Probieren betrachtest, es sind aber immer noch Nahrungsmittel, sie wandern in deinen Körper und addieren sich."

Machte ich das wirklich? Ich konnte es mir noch nicht einmal vorstellen, so etwas zu tun. Ich fragte mich, ob sie sich das zusammengereimt hatte. In den folgenden Tagen beschloß ich, auf meine Eßgewohnheiten zu achten, sie nicht zu verändern, sondern sie einfach nur mit anderen Augen zu betrachten. Und weißt du was? Marilyn hatte recht!

Mitten in der Hektik nahm ich all diese kleinen Happen zu mir. Ich war gerade am Telefon, rief nach den Jungs oder jonglierte auf dem Weg zum Tisch sechs Teller. Und die ganze Zeit verputzte ich hie und da kleine Happen. Ich war unaufmerksam und merkte noch nicht einmal, daß ich zusätzlich etwas aß. Bis zu dem Zeitpunkt, als Marilyn mir die Wahrheit gesagt hatte, war ich mir meiner Eßgewohnheiten überhaupt nicht bewußt und hatte sie völlig verdrängt.

Plötzlich wußte ich, wo die überschüssigen Pfunde herkamen. Ich dachte an den hektischen Trubel, durch den meine Aufmerksamkeit vom Essen abgelenkt wurde. Dieser verleitete mich dazu, gedankenlos meine Hand zum Mund zu führen.

Ich fragte mich, warum ich in diesem Durcheinander auch noch essen mußte. Die Antwort aus meinem Inneren lautete: „Mary, du hast den Frust." Daß ich meine Esserei verdrängt hatte, konnte ich am schwersten zugeben. War ich mir tatsächlich meiner eigenen Gewohnheiten so wenig bewußt? War ich mir wirklich über mein eigenes Verhaltens so wenig im klaren, daß ich nicht einmal merkte, was ich mir da so in den Mund schob?

Ich mußte zugeben, daß ich vor meinem Problem Angst hatte. Ich mußte mich dem stellen und mir selbst gegenüber ehrlich sein. Indem ich mich aber meinen Ängsten stellte, konnte ich mich frei machen und zu einer Veränderung entschließen.

Auch wenn du meinst, dir deiner Eßgewohnheiten völlig bewußt zu sein, ist es mitunter aufschlußreich, wenn du ein paar Tage lang deine eigenen Gewohnheiten beobachtest. Probier nicht, das Muster zu verändern. Und bitte, verurteile dich nicht. Sieh einfach zu und lerne von dir. Es geht darum, dich in einem neuen Licht zu sehen. Es geht darum, deine Gewohnheiten aufzudecken und zu neuen Erkenntnissen zu gelangen, durch die du besser verstehst, was du brauchst.

Das Geheimnis einer bleibenden Gewichtsreduzierung liegt im Erkennen der zugrundeliegenden Muster. Entscheidend ist auch die Erkenntnis dessen, was du statt der zusätzlichen Nahrungsmittel wirklich willst. Wenn du statt deines von dir nur angenommenen Verhaltens dein tatsächliches Verhaltensmuster erkennst, kannst du auch damit beginnen, dir realistische Ziele zu setzen und dir ein Bild von der Situation zu machen. Du kannst damit beginnen, dein dich einschränkendes Verhalten in eines zu verwandeln, das dich weiterbringt.

Das Idealgewicht und deine unendlichen Möglichkeiten

Obwohl uns unsere Sinne sagen, daß der Körper eine solide, unveränderliche anatomische Struktur ist, die in Raum und Zeit fixiert ist, stimmt das nicht wirklich. Die Wahrheit sieht so aus, daß unser Körper aus Strömen von Intelligenz, Information und Energie besteht. In jeder Sekunde seines Dasein erneuert er sich. Der Körper ist keine „Sache", er ist ein Prozeß. Dieser Prozeß wird durch täglich zu treffende Entscheidungen beeinflußt, die ihrerseits von unseren Gewohnheiten und Entscheidungen abhängen.

Unser Körper erledigt den ganzen Tag über pausenlos und oft bis in die Nacht hinein Aufgaben für uns. Man könnte fast meinen, ein Tag reiche nicht aus, um alles zu tun, was wir meinen tun zu müssen. Wir tun alles für alle anderen, die uns Termine setzen, sorgen für unsere Familien, kochen Mahlzeiten, putzen und arbeiten. „Ich habe keine Zeit", sagen wir, und daraus wird unsere Ausrede, um uns selbst keine Beachtung zu schenken. Wenn wir nicht auf uns selbst achten, ist das Endergebnis Streß und Müdigkeit. Wir wurden stets belohnt, wenn wir immer mehr erledigten, bis schließlich unsere Belastungsgrenze erreicht war.

Es ist bekannt, daß Streß mit der Zeit zu hohem Blutdruck führt und Kopfschmerzen verursachen kann. Früher haben wir das durch Essen kompensiert. Jetzt aber haben wir ein Bewußtsein dafür entwickelt, wie wir unseren Körper ernähren können. Durch Ruhe, indem wir unseren Sinnen Aufmerksamkeit schenken, durch nahrhafte Lebensmittel und klares Wasser. Zuviel Essen macht den Streß nur noch schlimmer und blockiert den Weg zu Licht und Liebe. Deine Absicht, dein Herzenswunsch ist es, deinem Körper positive Beachtung zu schenken, und nicht, dich zu betrügen.

Wende dich an dein Höheres Selbst, an den Teil von dir, der dir Liebe schenkt, deine Seele. Rufe nach diesem höchsten Teil deines Selbst und bitte um Führung. Atme tief. Halte deinen Körper ruhig. Vertraue auf deine Intuition. Frage dein Herz: „Was will mein Körper wirklich?"

Du hast Zeit für dich. Geh vor die Tür und mach einen Spaziergang. Gib dir einen Stoß, damit du Widerstände überwindest und auf die andere Seite deiner selbst gelangst, auf die Seite, die dich liebt. Vertrautheit mit dem Selbst bringt echte Heilung zustande.

Wenn du diesen liebevollen Anteil in dir entdeckst, entsteht eine Art der Vertrautheit. Es ist, als ob du eine Freundschaft mit einem Menschen schließen würdest, der um dein Wohlergehen besorgt ist. So kannst du dich selbst annehmen. Wenn du diese Liebe wirklich findest, findest du dich selbst. Deine Träume und Wünsche werden akzeptiert. Wenn du zum Kern deiner innersten Wünsche gelangst, stellst du fest, daß es dort nicht um Nahrungsmittel geht. Ihre Auswahl ist wichtig, sie sind aber nur ein Stein, der den Weg zu deinem Idealgewicht pflastert.

3. Schritt

Du bist mehr, als du glaubst

Im symbolhaften Denken finden wir die Kraft, alte Denkmuster zu überwinden. Betrachte den Fortschritt, den diese neuen Vorstellungen in dein Leben bringen wie zum Beispiel das „Einweihen" eines neuen Paar Schuhe. Die neuen Schuhe sind sauber, schön und in einem perfekten Zustand. Sie sind aber nicht so bequem wie das alte, lange getragene Paar. Manchmal drücken die neuen Schuhe ein wenig.

So trägst du also diese neuen Schuhe, wenn du ausgehst. Sie gefallen dir; was dir aber nicht gefällt, ist die Tatsache, daß sie drücken. Sobald du heimkommst, ziehst du die alten an, weil sie so gut passen. Die neuen mögen dir Freude bereiten, aber sie sind nicht diejenigen, nach denen du greifst, wenn du es bequem haben willst. Weil die neuen Schuhe aber so schön sind, hörst du nicht auf, dich an sie zu gewöhnen. Das alte Paar ist einfach verschlissen, und du bist bereit für eine Veränderung. Nach ein paar Wochen sind die neuen Schuhe „eingelatscht" und bequemer geworden. Über kurz oder lang vergißt du, daß sie am Anfang etwas eng waren, und du lächelst, wenn du dein Spiegelbild in einem Schaufenster siehst. Jetzt, da sie passen, magst du sie.

Ab und zu siehst du das alte Paar unten in deinem Schrank stehen, und gelegentlich ziehst du sie wieder an. Aber sie gefallen dir nicht mehr. Sie sehen alt und abgetragen aus. Du hast dich verändert, und sie passen nicht mehr zu der Person, die du jetzt bist. Schließlich sortierst du sie aus, weil du weißt, daß du sie nicht mehr tragen wirst.

Die früheren Vorstellungen über das Essen sind wie ein altes Paar Schuhe. Wenn es dir wie den meisten Menschen in meinen Seminaren geht, hast du dich zu diesem Zeitpunkt schon halb dem Traum über dein Idealgewicht hingegeben. Du magst immer noch deine Einwände haben, oder du denkst noch an all deine Versuche abzunehmen. Du denkst daran, daß du zu guter Letzt den Mut verloren hast.

Wie schaffen wir es also, von einem halbherzigen Entschluß zu einer Begeisterung zu gelangen, die aus vollem Herzen kommt?

Schauen wir uns einmal genauer an, was in unserem Geist vorgeht und was unsere Fähigkeit fördert, uns in unsere neuen Schuhe – unseren neuen Körper und unser ganzes Selbst – zu verlieben, oder aber was ihr im Wege steht.

„Negative" Emotionen sind Botschaften aus dem Inneren

Einige Menschen sagen, daß jede Verhaltensweise eine Tat der Liebe oder ein Schrei nach Hilfe sei. Die Taten der Liebe machen uns froh oder stolz. Durch sie umgibt uns ein Leuchten, das die Menschen um uns herum aufbaut. Es gibt aber auch Unzufriedenheit, Enttäuschung und Verwirrung.

Wir alle haben dies schon erlebt. Vielleicht haben wir ihretwegen all die Jahre zuviel gegessen. Normalerweise wollen wir ihnen so schnell wie möglich entkommen, manchmal um jeden Preis, weil wir nur getröstet sein wollen. Laß uns aber diese drei Emotionen in einem anderen Licht betrachten. Unzufriedenheit, Enttäuschung und Verwirrung sind für das Wachstum genauso unabdingbar wie Freude, Stolz und Zufriedenheit. Durch den von ihnen verursachten Schmerz regen uns diese Emotionen zu einer Veränderung und zum Lernen an. Sie sind ein Zeichen dafür, daß wir ein neues Bewußtsein entwickeln.

Wenn wir die Lektion annehmen, ist sie nur von kurzer Dauer. Verweigern wir uns dem Lernstoff, geraten wir in einen abwärts gerichteten Sog. Emotionen sind Botschaften. Unzufriedenheit, Enttäuschung und Verwirrung sind ein Teil der menschlichen Erfahrung. Du kannst sie verdrängen, dich vor ihnen verstecken und dich weigern anzuerkennen, daß sie eine Botschaft für dich bereithalten. Damit du sie aber verstehen kannst, möchte ich dich dazu anregen, über diese Emotionen neu nachzudenken.

Während du die nächsten Seiten liest, erinnerst du dich vielleicht an Situationen, in denen du diese Emotionen gefühlt hast. Schreib diese Gedanken auf, wenn du möchtest. Deine Einblicke und Gedanken sind wichtig!

Frustration

Hast schon einmal deine Schlüssel verlegt? Erinnerst du dich daran, wie du das Haus auf den Kopf gestellt hast und wußtest, daß sie irgendwo ganz in deiner Nähe waren und du sie dennoch nicht finden konntest? Wenn dir das wiederholt passiert ist, hast du bestimmt ein System, um sicherzugehen, daß sich die Schlüssel immer am selben Platz befinden.

Ich bin mir ganz sicher, daß dir die mit dem Abnehmen verbundene Frustration nicht unbekannt ist. Sie ist wahrscheinlich ein Grund, warum du dich dazu entschlossen hast, dieses Buch in die Hand zu nehmen. Richtig? In der Vergangenheit hat dich dieser Frust zum Kühlschrank getrieben und dazu gebracht, dir einen überflüssigen Nachschlag zu holen. Unglücklicherweise hast du dich wegen dieser Reaktion in deinem Problem festgefahren und wurdest sogar noch unzufriedener als vorher!

Durch deine neue Reaktion, nämlich die, auf dein Ziel hin zu arbeiten und dein Idealgewicht zu erreichen, verwandelst du deine Unzufriedenheit in eine Kraft, die dich zum positiven Handeln antreibt. Ich erinnere mich genau an den Augenblick, als ich mich endlich dazu entschloß, mein Übergewicht loszuwerden. An diesem Tag fühlte ich mich nicht gut. Um es genau zu sagen: Ich war äußerst deprimiert! Ich dachte: „Das Dicksein hängt mir zum Hals raus, ich mache das nicht mehr mit!" Das war der Punkt, an dem ich wußte, daß es reichte. Ich konnte gar nicht unzufriedener werden und kam zum Schluß, daß die einzige Lösung darin bestand, mein Problem anders anzugehen.

Denk einen Augenblick lang darüber nach. Was wir als negative Emotion ansehen, gab mir Kraft und Motivation, eine Veränderung zum Positiven vorzunehmen! Vielleicht ist es bei dir ja auch so. Hättest du dich etwa um eine Veränderung geschert, wenn du nicht unzufrieden gewesen wärest?

Verwirrung

Verwirrung: Du fühlst dich, als ob du nicht klar denken kannst, hast keine Ahnung, wie du alles bewältigen sollst, und manchmal fragst du dich, ob du es überhaupt schaffst. Wenn du verwirrt bist, kann es sein, daß du es mit der Panik zu tun bekommst und dich völlig durcheinander fühlst. Alles scheint so kompliziert zu sein. Nichts ist so, wie es einmal war. Dein Gehirn fühlt sich wie ein gemischter Salat aus in Unordnung geratenen Gefühlen an. Während dein Gehirn noch verzweifelt nach Antworten und Mustern sucht, denen du deine neuen Erfahrungen zuordnen kannst, öffnet sich dein Geist Gedanken gegenüber, für die zuvor noch nie Platz gewesen ist. Geh sanft in dein Herz und frage: „Was will ich wirklich?" Dann hör zu. Es funktioniert wirklich immer.

Enttäuschung

Wenn du in der Erwartung lebst, hast du auch Enttäuschungen erlebt. Wenn du einen Traum träumst, besteht immer die Möglichkeit, daß er sich nicht genau so verwirklichen wird, wie du es erwartest. Dieser Gedanke allein hält viele Menschen vor weiteren Schritten ab. Wenn die Möglichkeit eines Fehlschlages besteht, warum es dann überhaupt versuchen? Warum? Weil tatsächlich nichts jemals ohne Risiko erreicht worden ist.

Ein Risiko einzugehen bedeutet nicht, ohne Fallschirm aus einem Flugzeug zu springen oder einen Berg ohne taugliches Schuhwerk zu besteigen. Ein Risiko einzugehen bedeutet, daß du Schritt für Schritt bereit bist, dich aus deiner Schutzzone herauszuwagen, mit offenem Herzen zu erkunden und eine Bereitschaft aufzubringen, das anzunehmen, was du vorfindest.

Um deine Träume leben zu können, mußt du bereit sein, in die neuen Schuhe zu schlüpfen. Du mußt bereit sein, die alten Erinnerungen auf Eis zu legen, auch dann, wenn du nicht sofort neue als Ersatz bereit hast. Du mußt bereit sein, den Raum zwischen alten und neuen Gewohnheiten zu betreten, und dir sicher sein, daß du bekommst, was du brauchst, um zu dem neuen Ort zu gelangen, an den du gelangen willst. Glaube daran und vertraue in dein alles wissendes Selbst.

Du mußt bereit sein, jeden Schritt auf dem Weg als Triumph des Mutes zu betrachten, egal was du auf dem neuen Territorium vorfinden wirst. Zuerst mußt du dich aber dazu entschließen, das Risiko einzugehen, und wenn du das tust, wird dich diese Offenheit des Geistes auf dem gesamten Weg begleiten.

Gewissensbisse

Gewissensbisse erleben wir dann, wenn wir etwas bereuen. Beim schlechten Gewissen ist eine Handlung oder ein Gefühl mit im Spiel, von dem wir wünschen, es wäre anders, als es ist. Vielleicht glaubst du, daß du dich anders fühlen solltest, als es der Fall ist. Vielleicht glaubst du, anders sein zu sollen, als du bist. Du spürst, daß du gegen deine eigenen Regeln verstoßen hast. Du spürst, daß diese Veränderungen in deiner Macht liegen, sie für dich aber irgendwie nicht durchführbar sind.

Ein schlechtes Gewissen kann äußerst belastend sein, aber denk daran: Wenn du sowohl für deine eigenen als auch für die Maßstäbe anderer, dir nahestehender Personen kein Gespür hättest, könntest du auch kein schlechtes Gewissen haben. Und dieses Wertebewußtsein ist etwas sehr Positives für unser Leben. Auf einer Ebene ist es ein Zeichen dafür, daß du noch mit deinen Glaubenssätzen in Verbindung stehst, wenn du Gewissensbisse hast.

Während unserer Kindheit vermittelten uns die Eltern eine Anschauung davon, auf welche Art und Weise wir uns verhalten sollten. So bildete sich unser Verhalten heraus und machte uns zu dem, was wir sind. Im Erwachsenenalter können wir diese Ansichten neu überdenken und sie stärker unseren eigenen Denkweisen anpassen. Ich bin nicht mehr der Ansicht, daß ich „gehalten bin", meinen Teller leer zu essen, damit ich groß und stark werde. Ich glaube auch nicht mehr, daß ich „keinen Beruf ausüben soll".

Als ich mich von diesen Ansichten löste, hatte ich schon leichte Gewissensbisse. Nicht deshalb, weil ich nicht von ganzem Herzen davon überzeugt gewesen wäre, sondern weil diese in einigen Punkten dem widersprachen, was mir meine Mutter beigebracht hatte. Ich mußte zu der Überzeugung kommen, daß ich eigene Ansichten haben konnte, ohne die Liebe der Menschen in meiner Umgebung zu verlieren. Ich entdeckte, daß ich andere mögen kann, ohne deren Meinung übernehmen zu müssen!

Dies ist eines der Geheimnisse, wie wir die Fähigkeit erlernen, für immer unser schlechtes Gewissen abzulegen. Ein weiteres Mittel zur Überwindung von Gewissensbissen liegt in der Vergebung. Oft können wir die Fehler anderer Menschen leichter vergeben als unsere eigenen.

Es ist so leicht, in zwanghaften Gedanken zu schwelgen, bei denen sich alles darum dreht, „was ich hätte tun sollen". Akzeptiere statt dessen, daß du dich in einem Wachstumsprozeß befindest, der seine Zeit braucht. Aus einem Samenkorn wird auch nicht binnen eines Tages eine voll entwickelte Blüte. Du bist eine Blume, die gehegt und gepflegt werden muß.

Vergib dir selbst, akzeptiere, daß Fehler eine Gelegenheit zum Lernen sind, und mach weiter. Auf die gleiche Weise, wie du dir vorstellen kannst, schlank zu sein, kannst du es dir auch vorstellen, kein schlechtes Gewissen mehr zu haben.

Denk zuerst an etwas, bei dem du ein schlechtes Gewissen hast. Stell es dir wie einen Mantel aus Blei vor, der auf dir hängt, deine Schultern nach unten zieht und deinen Brustkorb zusammendrückt, so daß du nicht mehr atmen kannst. Er verhindert, daß du deine Arme und Beine frei bewegen kannst. Kannst du es fühlen? Kannst du sein enormes Gewicht spüren? Lockere jetzt deine Schultern und spüre, wie der Mantel von deinem Körper auf den Boden herunterrutscht. Laß ihn dort liegen. Du mußt ihn nie wieder aufheben. Du mußt diesen Mantel nie wieder tragen. Fühlst du dich leichter? Laß die Erde den Mantel wieder zurücknehmen, weil du dieses Gefühl nicht mehr brauchst.

Genauso wie Schmerz kann ein schlechtes Gewissen dich in einen Treibsand aus negativen Gefühlen hineinziehen, oder aber es kann als Werkzeug zum Lernen und zum Wachstum dienen. Erkenne deine Gefühle, aber erinnere dich daran, daß sie wirklich nur ein Warnlicht sind, das auf etwas in deinem Wertesystem und deinen täglichen Schritten hinweist, das der genaueren Betrachtung bedarf. Fasse den Entschluß, das in dein Leben zu bringen, was du brauchst: Liebe, Selbstachtung, Beharrlichkeit, und überwinde deine Gewissensbisse, die dich nur belasten.

Minderwertigkeitsgefühle

Minderwertigkeitsgefühle sind in jedem Lebensbereich anzutreffen. Sie sind ein Schleier, durch den die Welt dunkler, trauriger und bedrohlicher aussieht. Ein auf dem Gefühl der Minderwertigkeit basierendes Denken kann schon früh im Leben beginnen, nämlich dann, wenn einem Kind vermittelt wird, daß es nicht völlig angenommen wird oder den Normen von Familie und Freunden nicht entspricht. Das Kind mag vielleicht denken: „Ich bin nicht gut genug" oder: „Ich bin ein Versager."

Dieses von außen kommende Gefühl verankert sich im Innern. Macht das Kind einen Fehler, bekommt es jedesmal diese Botschaft vermittelt. Taucht bei einem Kind erst einmal bei alltäglichen Fehlern ein tiefsitzendes Minderwertigkeitsgefühl auf, lernt es nichts mehr dazu.

Wärest du bereit, ein Risiko auf dich zu nehmen, wenn du wüßtest, daß selbst ein kleiner Fehler für dich verheerend wäre? Selbst beim größten Erfolg verlagert sich die Aufmerksamkeit auf das, was falsch gelaufen ist. Auch der kleinste Fehler wird als Hinweis auf Unzulänglichkeit gewertet. Diese kleinen Probleme rufen die Erinnerung an größere Fehlschläge wach, und ein Teufelskreis entsteht.

Gina, eine Frau in meinem Seminar, erinnert sich daran, daß sie im Alter von acht Jahren mit Mutter und Schwester Kleidung für die Schule gekauft hat. Sie und ihre Mutter hatten Übergewicht, während dies bei ihrer zehnjährigen Schwester nicht der Fall war. Gina liebt Rot, aber ihre Mutter ließ sie nie etwas Lebhaftes oder Leuchtendes anziehen. Sie wählte gedämpfte Farbtöne wie Blau oder Braun aus den Regalen, hielt sie hoch und sagte: „Damit wirst du nicht auffallen." Währenddessen wurde die Schwester in helle, auffallende Farben gekleidet.

Eigentlich verfolgte ihre Mutter durch die Auswahl dieser Kleidungsstücke eine gute Absicht. Sie wollte ihre Tochter davor bewahren, wegen ihres Gewichts aufzufallen und gehänselt zu werden. Tatsächlich aber brachte sie Gina eine andere Lektion bei: Wenn du dick bist, ist dein Körper für andere Menschen abstoßend, du solltest also alles dransetzen, nicht gesehen zu werden. Sogar als Gina im Erwachsenenalter ihre Pfunde abgespeckt und damit begonnen hatte, all ihre hellen Lieblingsfarben zu tragen, fühlte sie sich immer noch unbehaglich, sobald jemand eine Bemerkung über ihre neuen Kleider machte.

Ein Minderwertigkeitsgefühl besagt im Grunde, daß du dich nicht als vollständig empfindest und meinst, der Liebe anderer Menschen nicht würdig zu sein. Das Minderwertigkeitsgefühl macht uns verletzlich, und wir fühlen uns ungeliebt. Das Minderwertigkeitsgefühl begräbt dein authentisches, starkes Selbst unter sich. Aus dem unverwechselbarsten und echtesten Teil eines Menschen wird etwas Fremdes, etwas, das vom Geist abgekoppelt ist.

Manchmal lindert eine Wand aus Fett den Schmerz. Das geschieht, weil wir zwischen uns und den Menschen, von denen wir uns zurückgewiesen fühlen, eine Barriere errichten. Das ist ein sehr wirksamer Schutz; wenn wir aber den Schmerz meiden, meiden wir auch die Möglichkeit zu lieben. Schon allein die Angst vor Nähe verhindert es. Niemand kann jemals dein wahres Selbst erkennen, wenn du es hinter deinem Übergewicht versteckst. Paradoxerweise kann ein Minderwertigkeitsgefühl uns auch dazu verleiten, uns innerlich klein zu fühlen, gerade so, als ob wir keine Masse besäßen. Unsere Pfunde können uns deshalb das Gefühl geben, unsere Worte hätten Gewicht. In gewissem Sinne kompensieren wir durch unser hohes Körpergewicht unser niedriges Selbstwertgefühl.

Angst

Es ist die Angst, die uns am stärksten daran hindert, uns selbst zu finden und zu entwickeln. Das letzte, was wir wollen, ist, unsere Ängste wahrzunehmen. Oft tun wir alles, was wir nur können, um sie zu meiden. Ich glaube, es gibt nur einen Grund, warum die Angst uns behindert, und darum werden wir ihn betrachten. Die Angst will uns etwas sagen.

Die am weitesten verbreitete Sorge ist die Angst vor dem Unbekannten. Die Angst erinnert uns daran, daß wir keinen Einfluß auf das Ergebnis haben und nicht in die Zukunft sehen können. Wir können mit bewußter Aufmerksamkeit planen und handeln. Die Zukunft ist jedoch eine Mischung aus unseren Taten und dem, was das

70

Universum für uns bereithält. Wir täuschen uns, wenn wir meinen, die Dinge vollständig lenken zu können.

Als wir in unserer Kindheit gerade erst die Welt begriffen, war alles unbekannt, und dennoch forschten wir weiter. Die Tatsache, daß du existierst, besagt, daß du bereit bist, Veränderungen und die Unge-wißheit anzunehmen, die möglicherweise damit verbunden ist. Das ist ein wichtiger Schritt. Beglückwünsche dich zu dieser Offenheit, und gib dir das Versprechen, daß dies nur einer unter vielen Augenblicken ist, in denen du die Weisheit, den Mut, den Glauben und das Vertrauen findest, mit deren Hilfe du auf dem Weg der Liebe anstatt der Angst bleiben kannst. Nimm jeden Schritt an.

Ein weiterer Teil der menschlichen Erfahrung besteht in der Angst vor Verlusten. Wir fürchten, das zu verlieren, was uns bekannt ist. Wir fürchten, das zu verlieren, wodurch wir uns sicher und geborgen füh-len. Auch wenn uns eine alte Gewohnheit mißfällt, ist sie wie dieser alte bequeme Schuh. Er gefällt uns zwar nicht mehr, es ist aber ein Verlust, wenn er ausrangiert wird.

Von Zeit zu Zeit bekommen wir es mit der Angst zu tun. Der Buddhist Pema Chödrön sagt, daß die Angst eine natürliche Reaktion auf die Annäherung an die Wahrheit ist. Wenn du den Weg der Wahrheit zu dir selber eingeschlagen hast, wirst du der Angst begeg-nen. Während wir lernen, uns verändern und entwickeln, gleichen wir einem Schiff, das in unbekannten Gewässern Kurs auf sein Ziel genommen hat. An manchen Tagen fällt das Segeln einfach, dann zieht plötzlich ein Sturm auf. Wendet das Schiff und kehrt zum siche-ren Hafen zurück? Oder segelt es weiter?

Manchmal können wir uns unserer Angst nicht stellen und wenden uns wieder unseren alten Gewohnheiten zu. Ein anderes Mal haben wir den Mut weiterzumachen. Jede Situation birgt die Keimzelle einer neuen Gelegenheit in sich, bei der wir lernen können, mit unseren Ängsten umzugehen und uns ihnen direkt und ehrlich zu stellen.

Wenn wir mit unseren Ängsten vertrauter werden, lernen wir, daß die Angst immer die Zukunft betrifft. Angst vor der Vergangenheit haben wir nicht, denn sie ist vorbei. In der Vergangenheit haben wir unbekannte Ängste durchgestanden. Allerdings erinnern wir uns noch an die Vergangenheit. Wir trauern der Vergangenheit und deren Lö-sungen nach. Wir wünschten, einige Dinge anders gemacht zu haben.

Ein anderes Mal waren wir überrascht, wie gut wir die Sache bewältigt haben. Im Hinblick auf die Vergangenheit beschleichen uns gemischte Gefühle. Wir haben Gewissensbisse wegen Dingen, von denen wir wünschten, sie besser gemacht zu haben, und sind dankbar für das, was wir gut gemacht haben. Unsere Empfindungen gegenüber der Vergangenheit sind unterschiedlich. Unsere Erinnerungen und der Schmerz aus der Vergangenheit entzünden neue Gefühle über die Zukunft.

Der Leben-in-Angst-Kreislauf

Er verläuft in folgenden Stadien: Alter Schmerz > alte Gefühle > alte Vorurteile über sich selbst > kein Mut mehr > Angst > überwältigt sein > Kompensation > alter Schmerz.

Du hast wirklich nichts zu verlieren. Alles wandelt sich. Alles, was sich verändert, wird zu etwas anderem. Die Verluste, die du erlitten hast, waren ein Mittel zum Lernen. Denke daran, die Angst ist normalerweise eine täuschende Vorstellung von etwas, das noch nicht einmal passiert ist, und 92 % dieser von uns im Geiste heraufbeschworenen Ängste und Sorgen treffen in Wirklichkeit gar nicht ein. Glaub mir, ich weiß, daß die Pein der Angst immer real ist, ob sie sich nun irgendwann bewahrheitet oder nicht.

Während ich mich inmitten einer solchen Sackgasse befand, kam ich eines Tages auf die Idee, Neuland betreten zu können. Anstatt mich in Emotionen zu verheddern, fragte ich mich, ob ich mich mit einer anderen Einstellung nicht besser fühlen könne. Vielleicht gibt es da ja einen Ruhepunkt, an dem ich mich ohne das Gefühl, mein Dasein als solches sei gefährdet, meinen Ängsten stellen konnte. Ich wußte, daß ich durch Entspannung zu diesem Ort gelangen konnte. Indem ich meine Ängste gelöster wahrnahm, konnte ich sie betrachten und fühlen. Dann konnte ich den Entschluß fassen, sie loszulassen.

Während meiner Kindheit hatte ich das nicht gelernt. Was ich in der Vergangenheit gelernt hatte, war, daß ich mich beschäftigen mußte. Ich verdrängte mein Bewußtsein für die Angst durch immer mehr

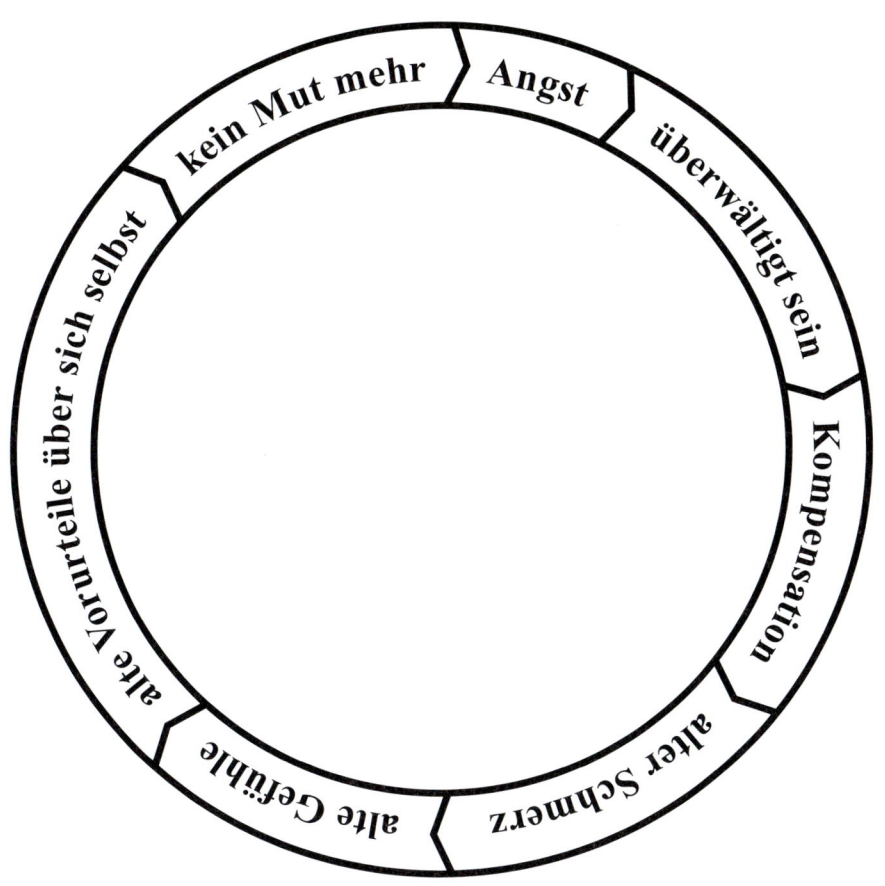

Der Leben-in-Angst-Kreislauf

Arbeit. Wie ein Schneeball, der, während er einen Berg hinabrollt, immer schneller wird, überrannte die hektische Aktivität jede Botschaft, die mir die Angst zu schicken versuchte. Die eigentliche Aktivität, durch die ich gegen die Angst ankämpfte, war außer Kontrolle geraten. Ich arbeitete zuviel, aß zuviel, rauchte zuviel. Nichts war mehr zu steuern.

Was ich brauchte, war ein Ruhepunkt, an dem ich alle Emotionen als Teil des Menschseins akzeptieren konnte. Angst, Traurigkeit, Enttäuschung, Hoffnung, Freude, Ekstase, sie sind alle Teil der Entwicklung. An diesem Punkt, an dem wir uns annehmen und in uns selbst ruhen, können wir den flexiblen Umgang mit unseren Emotionen lernen. Wir können beobachten, wie Angst dem Mut Platz macht. Enttäuschung weicht der Hoffnung. Freude weicht der Ekstase. Ekstase weicht einer ruhigen Zufriedenheit.

Wenn wir dies akzeptieren, können wir damit anfangen, alle unsere Emotionen anzunehmen und uns an ihrem Tanz durch unser Leben zu erfreuen. Um diesen Ruhepunkt zu finden und meine Emotionen akzeptieren zu können, mußte ich erst lernen, daß das Gegenteil von „fleißig" nicht „faul" ist. Das Gegenteil von „fleißig" liegt in der Ruhe und in der Stille. Dann können wir die Stimme aus unserem Höheren Bewußtsein hören.

Anstatt einem Kreislauf der Angst zu folgen, können wir uns diesem neuen Kreis anschließen:

Der Kreislauf der Transformation

Er verläuft folgendermaßen: Den alten Schmerz loslassen > Bleib in der Gegenwart > Denk an das, was du wirklich willst > Höre auf dein Höheres Selbst > Geh in den neuen Schuhen > Nimm alle Gefühle wahr > Laß den alten Schmerz los.

Jetzt müssen wir also den Ruhepunkt in uns selbst finden. Nicht nur, daß wir haltmachen müssen, entspannen, meditieren, Musik hören und im Wald spazierengehen, wir müssen auch alle unsere Gefühle annehmen. Achten wir auf sie, werden wir uns ihrer Schreie bewußt. Nehmen wir unsere Gefühle nicht wahr, können wir wieder auf das

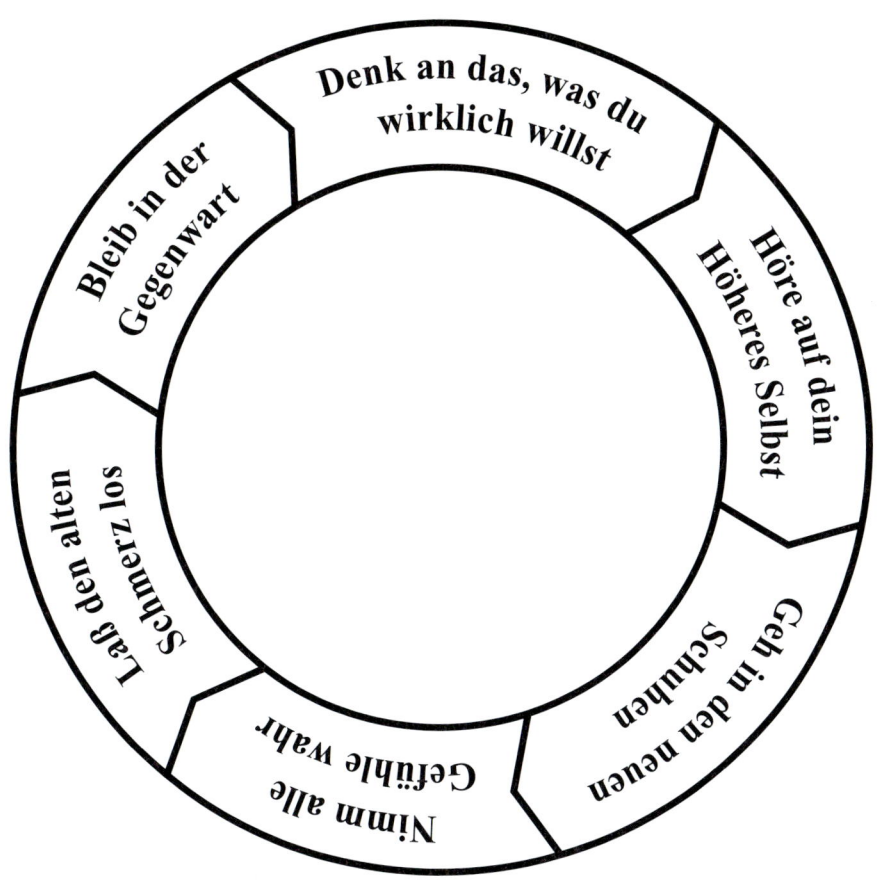

Der Kreislauf der Transformation

zwanghafte Denken und Essen zusteuern. Wenn wir uns in Ruhe entspannen, öffnet sich unser Denken, und wir lassen das los, was uns blockiert hat. Wir entkommen unseren Emotionen nicht. Wir nehmen sie an, weil sie ein Teil der wertvollen Schönheit in uns selbst sind. Dort finden wir alle Antworten.

Ganz gleich, was wir sein wollen – wenn wir unsere Aufmerksamkeit darauf richten, werden wir es sein

Je schneller sich dein Leben verändert, um so schwieriger wird es für dich werden, auf deinem Weg zu bleiben. Durch den Entschluß, deine Gewohnheiten zu verändern, hast du die grundlegenden Ursachen dazu aufgefordert, an die Oberfläche zu treten. Genau jetzt, da du deinem Idealgewicht näherkommst, beschleunigst du diesen Vorgang in deinem Leben.

Um auf deinem Weg zu bleiben, kannst du deine Gedanken bewußt zu deinem Herzen leiten. Es ist ein einfacher Schritt, der deinen Geist belebt und dich zur Wahrheit zurückbringt: Du bist Liebe, du bist du selbst, und das Negative ist nicht dein Schicksal.

Eine weitere Art der Veränderung des Denkens ist die, andere vorurteilslos zu beobachten. Beobachte andere, die ein Gefühl für innere Gelassenheit besitzen, und du erkennst, was sie wissen: Das Leben ist ein einfacher Prozeß, der schrittweise abläuft. Sie nehmen sich Zeit, ihr neues Bewußtsein zu nähren und neue Dinge zu lernen. Sie lassen die Lösungen aus ihrem Geist und ihrem Körper auftauchen, es sind dies Antworten, die sie durch Veränderung, Neugierde und Entschlossenheit erlernt haben. Sie kennen die Geduld. Sie wissen, daß es manchmal Monate dauert, bis aus Samenkörnern Blumen werden, die leuchten und in voller Blüte stehen.

Wir wissen, daß deine Realität auf deinem Willen basiert. Carol, eine meiner Patientinnen, war früher vollkommen süchtig nach Schokolade. Insbesondere dann, wenn Kritik an ihr geübt wurde, war sie leicht durch die Einstellung anderer Menschen ihr gegenüber zu beeinflussen. Immer wenn jemand sie kritisierte, machte ihr das unterentwickelte Selbstwertgefühl zu schaffen, und sie veranstaltete eine Freßorgie. Als sie sich neue Ziele gesteckt hatte, ließ Carol mit Erfolg von diesem Verhalten ab. Sie faßte den Entschluß, daß sie einen neuen Weg finden mußte, um mit Kritik umzugehen, wenn sie ihre Eßgewohnheiten in den Griff bekommen wollte.

Denk an eine blühende Pflanze, die du vielleicht besitzt. Stell dir vor, daß du sie eines Tages in deinen Garten stellst, damit sie ein wenig Sonne bekommt. Das Telefon klingelt, und du läufst ins Haus, um von einer Freundin oder einem Freund erzählt zu bekommen, was für ein fabelhafter Tag es gewesen ist. Du hast die Pflanze vergessen, als später ein Unwetter aufzieht, die Knospen abbrechen und sich der Topf mit Wasser füllt. Nach dem Unwetter gehst du nach draußen und betrachtest den heller werdenden Himmel. Du blickst nach unten. Da steht deine Pflanze, sie sieht mitgenommen aus. Dir fällt ein, daß du die Pflanze vergessen hast. Du gibst dir selbst die Schuld. Dabei will deine kleine geschundene Pflanze nur, daß du sie ein wenig hochbindest und ihr etwas Liebe und Zuneigung schenkst. Es macht sie nicht wieder heil, wenn du dich auf deinen Fehler konzentrierst.

Wenn du zur Vergeßlichkeit neigst, dann denk nach, was dir das Erinnern erleichtern kann. Wenn du einfach nur einen Fehler gemacht hast, repariere den Schaden, vergib dir und geh zum Alltag über. Es ist wichtig, aus Situationen zu lernen. Wenn wir ständig darum bemüht sind, Verantwortung zu meiden oder negativen Dingen unsere Aufmerksamkeit zu schenken, bleiben wir nur in Verhaltensmustern hängen, die uns von unserer Vision fernhalten.

Wenn du dich dabei ertappst, negativ zu reagieren:
1. Hör auf zu reagieren. Werde ruhig, atme tief durch.
2. Bitte dein Herz um eine Lösung.
3. Schlaf drei Nächte lang darüber.
4. Sei bereit, die Lösung dann zu akzeptieren, wenn sie auftaucht

Der letzte Schritt kann schwerer sein, als es den Anschein hat. Der Weg des Herzens ist nicht immer der offensichtlichste oder derjenige, der für uns „einen Sinn" ergibt. Aber die Antwort deines Herzens ist die echte Antwort! Höre auf sie, nimm sie an und lerne aus ihr! Wenn etwas in deinem Leben passiert, das bei dir Emotionen auslöst, dann frag dich: „Welche Bedeutung hat das für mich?"

Deine Einstellung zu einem Vorkommnis bestimmt, wie du dich seinetwegen fühlst. Die Antworten auf deine Fragen werden dir sagen, ob du dem Ereignis mit einer positiven oder einer negativen Haltung gegenüberstehst. Bestehen deine Gedanken aus Worten wie „kann nicht" und „will nicht" – oder fragst du „warum?" und „wo?" und „wie"? Sei wieder Beobachter. Beobachte die Antworten, die zu dir kommen. Und beobachte auch den Prozeß der Veränderung.

Positives Denken besteht nicht darin, das Leben durch die rosarote Brille zu betrachten. Eine positive Einstellung verhindert nicht, daß bisweilen schmerzliche, schwierige, tragische Situationen vorkommen. Positiv eingestellt zu sein bedeutet, daß du dem Leben begegnest, indem du nach Mitteln suchst, vom Leben zu lernen, daß du Fragen stellst und neugierig und offen auf neue Antworten reagierst, anstatt dich auf dein altes, durch Gewohnheiten geprägtes Denken zu verlassen.

Wenn du dich positiv ausdrückst und auch so denkst, wird das Geschenk der jedem Augenblick innewohnenden Möglichkeiten deutlicher. In jeder einzelnen Sekunde veränderst du dich, und die Welt tut es auch. Negatives Denken verlangsamt deine Fähigkeit, diese Veränderung zu nutzen, damit du dein Leben erfüllter und schöner gestalten kannst. Genauso wie du die Wahl hast, heute neue Schuhe zu tragen, hast du die Wahl, was du denken und sagen willst. Du kannst dich jeden Tag aufs neue entscheiden.

Suche in deinem Inneren nach der Wahrheit

Wenn du eine Antwort aus deinem inneren Selbst bekommen willst, ist das Wichtigste dabei schlicht das Fragen. Es gibt keine falsche Art zu meditieren oder den Geist zu beruhigen, damit die Antworten auftauchen. Jede Methode stellt einen möglichen Pfad zu unserem eigenen Herzen dar. Ich wünschte, ich könnte dir eine klare Vorstellung davon geben, wie dieser Prozeß abläuft, aber es ist, als ob ich versuchen würde zu erklären, wie es sich anfühlt, wenn man verliebt ist. Worte können nur umschreiben. Die Erfahrung entwickelt sich so, wie wir den Geruch von warmem Brot zu lieben lernen.

So ist mein Vorschlag:

- Finde einen Ort, an dem du allein und ungestört sein kannst. Schalte den Anrufbeantworter ein und die Türglocke aus. Versprich dir, nicht an die Tür zu gehen, wenn es schellt. Das ist deine Zeit.

- Sitz oder liege in einer bequemen Haltung.
- Achte auf deine Atmung. Beobachte im Geist, wie sich dein Brustkorb hebt und senkt. Beachte den Rhythmus deines Atems – ist er tief oder flach? Beobachte deine Atmung. Achte einfach nur auf sie.
- Wenn du andere Geräusche wahrnimmst, Schritte auf dem Bürgersteig draußen, Vögel vor dem Fenster, vorbeifahrende Autos, dann nimm sie passiv wahr und richte deine Aufmerksamkeit wieder auf deine Atmung.
- Wenn dir Gedanken und Gefühle durch den Kopf gehen, beobachte sie so passiv, wie es dir möglich ist. Dinge, über die du dich normalerweise ärgerst, sind weit weg. Du mußt diese Probleme nicht lösen, keine Pläne machen und auf keinen Gedanken reagieren. Du kannst all diese aufflackernden Gedanken annehmen und sie gelassen betrachten.
- Beobachte, ob dein Körper angespannt oder entspannt ist. Beginne mit deinem Gesicht und beobachte, ob die Muskeln locker oder angespannt sind. Wenn sie angespannt sind, dann atme tief ein und stell dir vor, daß die Spannung von dir abfällt.
- Beobachte nacheinander deinen Nacken, deine Arme, deine Hände, deinen Brustkorb, deinen Magen, deine Beine und deine Füße auf die gleiche Art und Weise. Mach dir keine Sorgen, wenn sich die Anspannung nicht legt. Beobachte sie einfach und wende deine Aufmerksamkeit wieder deiner Atmung zu.
- Wenn dir Gedanken durch den Kopf gehen, laß sie einfach fließen, ohne zu werten. Laß deine Gedanken kommen und gehen. Taucht ein Gedanke auf, dann beobachte ihn und laß ihn dann aus deinem Kopf entschwinden. Laß sie einfach fließen.
- Versuch dies einmal am Tag für zwanzig Minuten. Mit der Zeit wird es leichter werden. Erwarte nicht, daß du es gleich beim ersten Anlauf schaffst.

Die Meditation hilft, uns von unseren Emotionen zu lösen, damit wir sie beobachten und von ihnen auf eine neue Weise lernen können. Der Schlüssel liegt in der vorurteilsfreien Beobachtung. Wenn du ruhig dasitzt und auch nur zehn Minuten lang innehältst, erkennst du den krassen Gegensatz zur Hektik unseres restlichen Lebens. Indem wir zur Ruhe kommen, können wir zu dem Punkt vordringen, an dem wir die wichtigste Stimme hören können, die unseres eigenen Herzens. Dieser Vorgang im Inneren wird jedesmal anders sein, wenn wir ihn praktizieren. Das ist völlig normal. Du tust das nicht, um ein bestimmtes Ergebnis oder Resultat zu erzielen. Du machst das tatsächlich nur, weil du dir einfach einen Raum schaffen willst, in dem Inspirationen und Antworten auftauchen können, von denen es dir noch nicht einmal bewußt war, nach ihnen gesucht zu haben.

Die Botschaften, die dir dein inneres Selbst sendet, können in Form von Worten, Bildern, Tönen, Gefühlen und Vorstellungen auftauchen. Wie immer sie auch aussehen, sie kommen von einem weisen Ort in dir, an dem sich alle Antworten befinden. Sei neugierig auf deine Gedanken und die Botschaften, die sie bergen.

Meditation hat mir dabei geholfen, die tiefe Verbindung zwischen mir selbst und anderen Menschen, zwischen mir und der Erde zu spüren. Wenn alles in dieser Welt einen Sinn hat, dann heißt das, daß ich und auch du eine Aufgabe haben. Durch Meditation bekam ich Zugang zu einem Bewußtsein, das ich mein ganzes Leben lang im Äußeren gesucht hatte und das eigentlich in mir selbst beginnt. Wenn du das eine Zeit lang übst, öffnet sich dein Herz auf eine neue Art und Weise. Du erlebst eine sanfte Kraft, und Dinge, vor denen du früher Angst hattest, belasten dich nicht mehr.

Als ich damals meditieren lernte, versuchte ich, Schmerz, Enttäuschungen und Mutlosigkeit zu meiden. Im Grunde genommen hatte ich insgeheim und ohne es zu wissen gehofft, daß ich durch das Üben keinen Schmerz mehr fühlen würde. Das war nun wirklich eine Illusion, denn das Leid ist Teil der Lebenserfahrung. Durch Meditation spürst du den Schmerz, aber so, daß du ihn im gleichen Licht sehen kannst wie die Freude. Unvoreingenommen und ohne ihn zu verdrängen, wird jedes Erleben zu einem Teil des Lebendigseins, zu einem Segen, auch wenn dieser uns Schmerzen zu bereiten scheint.

Die Samen der Gedanken, die wir säen, werden wachsen

Ob sich negatives Gerede nun gegen dich selbst oder jemand anderen richtet, es führt nur zu Niedergeschlagenheit und Verzweiflung. Das kommt dir bekannt vor:

„Ich kann nicht.“
„Das ist nicht möglich.“
„Das klappt nicht.“
„Ich versage immer. “
„Mein Gewicht kommt immer wieder drauf. “

Die Gedanken, die wir in unseren Körper und unseren Geist pflanzen, können schön sein und uns Kraft schenken, oder sie bestehen aus Unkraut, das schließlich überall um uns herum wuchert und uns erstickt. Alles, was negatives Gerede erreichen kann, ist: kein Erfolg, keine Gewichtsabnahme, keine Belohnung und kein Selbstwertgefühl. Wir werden zu dem, was wir werden wollen. All das wächst und gedeiht, worauf wir unsere Aufmerksamkeit richten.

Konzentriere dich auf deine positiven Möglichkeiten

Jeden Morgen beim Aufstehen nehme ich mir ein paar Minuten Zeit und denke über meinen Tag nach. Ich habe vielleicht einen Tag vor mir, der voller Aktivitäten steckt und von dem ich weiß, daß er stressig werden kann. Vielleicht liegt aber auch ein ruhiger Tag ganz für mich allein vor mir. Wie auch immer, ich beginne den Tag, indem ich mir totales körperliches Wohlergehen und ideales Gewicht vorstelle. Durch dieses tägliche Ritual bleibt der Rest des Tages im Gleichgewicht.

Ich stelle mir jeden Tag folgende Fragen:

„Will ich meine alten Gewohnheiten beibehalten oder eine neue Art des Lebens erlernen?“

„Wie will ich mich fühlen, wenn ich heute abend zu Bett gehe?“

Es ist ganz allein deine Sache, wie du die Fragen beantwortest. An einigen Tagen entschließt du dich, deinem Traum nicht entgegenzugehen. Erlaube dir auch das. Bitte vergib dir, daß du nicht perfekt bist. Wie auch immer deine Antwort lautet, fasse einen bewußten Entschluß. Wenn du dich dabei ertappst, dich auf das zu konzentrieren, was du nicht essen kannst, dann lenk' deine Gedanken in eine andere Richtung. Denk an das, was du essen kannst.

Ich hatte einmal einen schweren Autounfall und mußte ein ganzes Jahr lang in einem Rollstuhl sitzen. Damals war ich eine alleinerziehende Mutter und hatte mit der Tatsache zu kämpfen, daß ich kaum imstande war, für meine drei Jungs zu sorgen. Ich konnte nicht arbeiten, deshalb machte ich mir Sorgen um das Geld. Mein Selbstwertgefühl war am Boden, ich fühlte mich so hilflos! Ich konnte nichts tun. Ich hatte das Gefühl, in der Falle zu sitzen.

Eines Tages schaute ich fern (wenigstens das konnte ich), als ein Werbespot der Fernuniversität in Houston ausgestrahlt wurde. Ich wollte schon immer meinen Hochschulabschluß machen, hatte aber nie die Zeit oder Energie dazu gefunden. Was also konnte ich jetzt, da ich im Rollstuhl saß, anderes tun, als meinen Kopf zu gebrauchen? Mein Körper war kaputt.

Ich rief eine Freundin an und bat sie, mir beim Einschreiben behilflich zu sein. Sie kam sofort zu mir, schob mich zur Tür hinaus – und ich war auf dem Weg zu einer Hochschullaufbahn! Im Verlauf der nächsten paar Monate stand ich oft Ängste aus und fragte mich bisweilen, auf was ich mich denn da eingelassen hatte! Aber es ist wichtig gewesen, den ersten Schritt zu tun.

In jeder Situation gibt es Möglichkeiten. Es gibt immer etwas, das man lernen kann! Als ich mich dazu entschied, es mit der Hochschule zu probieren, steckte ich in einer tiefen Depression. Ich war verzweifelt. Ich wußte, ich mußte etwas tun, um den Verlauf meines Lebens zu ändern, oder es würde damit enden, daß mein Geist gelähmt war, noch bevor die Schienen von meinen Beinen entfernt werden würden!

Vielleicht bist du wegen deines Übergewichts genauso verzweifelt. Auf dich wartet ein ganzer Schatz an neuen Erfahrungen, die es zu entdecken gilt.

Wie du aus einem Universum an unendlichen Möglichkeiten ein neues Leben aufbauen kannst

Wenn ich ein Zimmer neu einrichte, gehe ich in die unterschiedlichsten Läden und schaue mich nach Farbideen, Mustern und Materialien um. Ich schaue tonnenweise Zeitschriften durch und so viele Farbvorschläge, daß man meinen möchte, anstatt eines einzigen Raumes würde ich einen ganzen Palast einrichten. Die vielen Möglichkeiten verwirren mich, ich betrachte Farbkombinationen, die ich nie ernsthaft in Betracht gezogen hatte, ganz anders als vorher und mit neuen Augen. Ich tue das, weil es aus meinem normalen Rahmen herausfällt und mich dazu zwingt, ein Problem anders anzugehen.

Das Ergebnis versetzt mich immer in Staunen. Irgendwann im Laufe der Zeit mache ich eine Entdeckung, durch die ich gezwungen bin, den Raum neu zu sehen. Es kann sich dabei um eine neue Farbkombination oder ein Material handeln, von denen ich nie geglaubt hätte, daß sie mir gefallen könnten. Jetzt aber haben sie eine eigenartig beruhigende Wirkung.

Ob es nun um die Gestaltung eines Raumes geht oder darum, das Leben auf eine neue Art und Weise zu betrachten, diese Augenblicke des Entdeckens entstammen nie dem kühlen, logischen Denken, und du kannst sie nicht steuern. Sie kommen nur, wenn du dein gesamtes Wissen über den Haufen wirfst und daran arbeitest, allem einen neuen Sinn und eine Ordnung zu geben.

Was passiert, wenn wir leiden? Unser Kopf senkt sich, wir schauen auf den Boden. Unser Blick wendet sich von der Welt ab und hin zu unserem eigenen Schmerz. Dies ist der Zeitpunkt, an dem uns die Sicht auf den Horizont unserer eigenen Ziele verloren geht. Also Kopf hoch! Glaub an dich selbst, indem du deine Ziele anvisierst. Erinnere dich an deine Vision, wie du mit deinem Idealgewicht aussehen und wie du dich fühlen wirst.

Du fragst dich vielleicht, ob die Schritte, die du unternimmst, und deine Gedanken eine Veränderung in deinem Leben bewirken können. Vielleicht hast du das Gefühl, vieles nicht mehr zu verstehen. Vielleicht bist du traurig, weil äußere Ereignisse nicht mit dem übereinstimmen, was du in deinem Innern willst. Alle diese Gefühle gehen vorbei. Wenn du zweifelst, dann fasse den Entschluß, keine weiteren

Fragen zu stellen, und verfolge einfach deine früheren Vorhaben. Die Dinge werden schon ihren Lauf nehmen. Ein Wasserkessel beginnt ja auch nie zu kochen, solange man auf ihn achtet, und du verlangsamst dein Fortkommen, wenn zu schnell zu viel erwartest.

Falls du dich unsicher fühlst, dann frage dich, was du noch nicht klar verstehst. Frag dich, was für dich die Wahrheit ist. So weißt du zum Beispiel, daß die Unsicherheit ein normaler Teil des Wachstumsprozesses ist. Du weißt, daß du zu einem gesunden und emotional aufbauenden persönlichen Verstehen kommen wirst, wenn du Fragen stellst und dich durch die Antworten arbeitest. Du weißt, daß du jeden Tag positiv handelst. Du weißt, daß du über all die Mittel zur Durchführung deiner Veränderung verfügst. Und du weißt, daß du die von dir benötigten Antworten finden wirst.

Wenn du enttäuscht bist, dann laß die Traurigkeit zu. Vielleicht mußt du einer alten Erwartung oder eines Vorhabens wegen trauern, die nicht mehr in dein Leben passen. Wenn du zuviel ißt, bist du vielleicht traurig, weil du in die alten Schuhe geschlüpft bist. Und das auch noch, nachdem du den Entschluß gefaßt hattest, es nie wieder zu tun.

Vielleicht bist du traurig darüber, so viele Jahre lang deine Träume nicht gelebt zu haben. Nimm dieses Gefühl vollkommen wahr, beobachte es und laß es los. Hat dich jemand enttäuscht? Lerne soviel du kannst daraus, und dann fang Schritt um Schritt an, langsam loszulassen. Wenn du dich wieder stark fühlst, frage dich, was der Auslöser für diese Emotionen gewesen ist. Nimm deine Reaktion zur Kenntnis. Warst du sogar inmitten der gefühlsbedingten Aufregung noch in der Lage, deinem Vorhaben treu zu bleiben?

Beobachte dich einfach nur und versuche, die Botschaft wahrzunehmen, die dein inneres Selbst dir schickt. Vielleicht fühlt sich diese Botschaft negativ und verwirrend an. Frage dein inneres Selbst weiter, was das bedeutet und was du tun mußt, um dein Wesen wieder zur Klarheit und zum Licht zu bringen.

Wenn wir dem näher kommen, was für uns am wichtigsten ist, müssen wir bisweilen feststellen, daß wir einen Schritt nach vorn und einen zurück machen. Man nennt das Attacke und Rückzug. Anders ausgedrückt, nähern wir uns unseren Zielen im Wissen, daß uns das glücklich machen wird. Unterwegs bekommen wir es aber mit der

Angst zu tun. Angst lenkt uns ab und wirft uns aus der Bahn. Diese Angst kann unsere Motivation und unsere Absicht untergraben, positiv zu handeln. Wir vermeiden es, uns der Angst zu stellen, und das hält uns davon ab, unser Ziel zu erreichen.

Wenn du dich auf das konzentrierst, was dir wichtig ist, nämlich auf deine Vision, kannst du die Angst in ihr Gegenteil umkehren. Wenn du spürst, daß die Angst dich zum Kühlschrank treibt, dann HALT. Nimm dir eine Minute – 60 Sekunden –, um dir erneut dein Ziel vor Augen zu führen:

- „Ich kenne kein Nachgeben, wenn es um die Verwirklichung meiner Vision geht."
- „Ich bin bereit für eine Veränderung."
- „Ich bin verantwortlich für meine Gemütsverfassung."
- „Ich lerne heute, was ich kann, den Rest lasse ich los."
- „Ich werde die Antworten finden, nach denen ich suche."
- „Ich lebe meine Vision und durchleuchte meine Vergangenheit auf für mich wichtige Dinge."
- „Ich trage alles in mir, was ich zum Erfolg jetzt brauche."
- „Ich kann heute frei entscheiden, was ich essen will."

Es ist unbedingt erforderlich, daß du die Gefühle zuläßt, die zu deinem Gewicht und deinem Leben hochkommen. Sogar wenn die auftauchenden Gefühle unbequem sind, kannst du diese Emotionen nutzen und die emotionale Energie bekommen, die du im Leben tatsächlich haben willst. Erinnere dich daran, daß Unzufriedenheit, Enttäuschung und Verwirrung Anzeichen dafür sind, daß du zu einer Veränderung bereit bist! Diese Gefühle können für deine nächste Entscheidung wichtig sein, die nämlich, daß du dich partout nicht mehr mit deinem Übergewicht zufrieden gibst. Fang jetzt damit an, stell dich vor den Spiegel und sprich laut:

„Ich finde mich nicht mehr mit meinem Übergewicht ab!"

Lauter:

„Ich finde mich nicht mehr mit meinem Übergewicht ab!"

Wenn nötig, schrei, so laut du kannst, bis du es kapiert hast.

Das Prinzip Freude

Wann geht es deinem Körper am besten? Die Antwort ist einfach: Wenn du glücklich bist. Warum also schleppst du immer noch zuviel Gewicht mit dir herum? Kann es sein, daß dich nicht nur deine Pfunde, sondern auch dein Kummer belasten? Haben wir uns an unseren Kummer gewöhnt? Wir suchen nach unserem höchsten Selbst und streben ins Licht anstatt zum Dunkel. Das ist ein wunderbares Bild, denn an einem sonnigen Tag sind wir besser gelaunt als an einem dunklen und regnerischen. An einem sonnigen Tag wollen wir unsere Freude haben, während wir an einem verregneten im Haus bleiben. Wenn es dunkel ist, verstecken wir uns vor der Freude, die wir genießen sollten.

Wir träumen davon, unser Idealgewicht zu erreichen, und ich glaube, daß wir es schneller schaffen, wenn wir mehr Freude haben. Die meisten Menschen meiden das Vergnügen und bestrafen sich für ihr Übergewicht. Wir verstecken uns sozusagen im Keller. Wir bewegen uns nicht, weil wir mit unserem Äußeren unzufrieden sind. Wir gehen nicht an den Strand, weil wir unseren Anblick im Badeanzug hassen. Du sitzt mit einem schlechten Gewissen im Dunkeln, bestrafst dich mit Dingen, die dich fett machen, anstatt dich zu freuen. Die Übergewichtigen unter uns kennen diesen Teufelskreis.

Laß uns aus diesen alten Mustern, die uns in einen abwärts gerichteten Sog gezogen haben, ausbrechen, konzentrieren wir uns lieber auf die Freude. Es wird sich das verstärken, worauf wir unsere Aufmerksamkeit richten. Das heißt, wenn wir uns darauf konzentrieren, uns selbst zu strafen, dann geht das immer so weiter. Freude ist verboten. Wir gönnen uns nicht einmal die Freude am Essen. Jetzt werden wir uns an allem, was wir essen, freuen. Wenn du das, was du gerne ißt, in Maßen zu dir nimmst, ist das besser, als dir mit einer Hungerkur wehzutun. Glaube daran, daß du nicht leiden wirst, und du wirst die Freiheit finden, dir Freude zu schenken.

Es gibt einen Zusammenhang zwischen der Liebe, die du zu deinem Höheren Selbst entwickelst, und der Freude. Du hast es nicht verdient, dich jemals wieder zu bestrafen. Du kannst das Leiden aufgeben. Hast du dich zum Leiden entschlossen? Ja freilich! Wenn wir wissen, daß wir jede Situation, die wir erleben, und jede Erfahrung, die wir machen, selbst herbeigeführt haben, dann sind wir die Dirigenten unserer eigenen Musik, wir orchestrieren unser eigenes Leben. Du fühltest dich betrogen und warst wütend, weil du nicht in der Lage warst, das Leben zu genießen. Jetzt änderst du das.

Probier das doch mal aus:

Geh zu einem Rendezvouz mit dir selbst. Geh mitten am Tag ins Kino und trink danach Kaffee. Hast du dir schon dein Horoskop berechnen lassen? Es macht wirklich Spaß! Tu etwas Kreatives, das du schon immer machen wolltest. Es ist erstaunlich, wie sehr man sich zum Beispiel für einen Kurs in Aquarellmalerei begeistern kann. Vereinbare mit deinem Partner, daß du einen Abend für deine eigenen Kreativität außer Haus verbringen wirst. Versuche es mit einem neuen Aussehen, laß dir einen neuen Haarschnitt verpassen oder laß dich „generalüberholen". Lerne etwas Neues. Nimm an einem Computerkurs teil. Vielleicht wird es dich überraschen, wieviel Spaß er machen kann.

Geh ins Theater oder in ein Konzert.

Nimm Tanz- oder Yogastunden.

Mach das alles aus Spaß an der Freude, nur für dich allein, und denk immer daran: Du verdienst alle Liebe und alle Freude, die du dir geben kannst.

Wenn du deinem Idealgewicht näherkommst, hast du automatisch auch mehr vom Leben. Jetzt kannst du dir jeden Tag mehr Lebensfreude gönnen. Du räumst dir selbst in deinem Leben einen wichtigen Platz ein. Du bist die Nummer eins. Ich weiß, du kamst dir weniger wichtig vor als andere Menschen, zum Beispiel deine Familie. Dennoch wissen wir alle, daß auch unsere Familien unglücklich sind, wenn wir leiden. Das Beste, was wir für andere tun können, ist, mit uns selbst zufrieden zu sein. Wenn wir uns selbst lieben, können wir anderen Liebe geben.

4. Schritt

Verliebe dich in deinen Geist

Jeder Augenblick birgt die Möglichkeit zu einer Veränderung. Die Chance, uns in Wesen mit mehr Liebe und Heiterkeit zu verwandeln, schwebt immer in unserer Reichweite. Jeden Tag lernen wir unsere Lektionen. Einige davon sind neu. Andere Lektionen sind uns bekannt, vielleicht haben wir sie aber nicht gut genug gelernt. Sie stehen vor unserer Tür und wollen weiter entwickelt und verwandelt werden. Wir sind auf dem Weg zur Erleuchtung. Genau in diesem Augenblick verändern wir uns. Das ist eine unumstößliche Tatsache.

Unser Körper und unsere Gedanken wandeln sich in jedem Augenblick. Unsere Körper erneuern sich. Unsere Haut erneuert sich. Die Haare fallen aus und wachsen wieder. Fingernägel wachsen, werden geschnitten und wachsen wieder. Neue Falten tauchen auf. Wir werden älter, aber unser Körper erneuert sich immer noch.

Auf eine sehr reale Art und Weise bin ich nicht mehr derselbe Körper, der vor sieben Jahren den Gedanken „Für immer schlank" gefaßt hat. Die Veränderung findet in unserem inneren Wesen statt und geschieht auch in unserer äußeren Umgebung. Wir sind denkende und fühlende Wesen, in der Lage, unsere Zukunft zu bestimmen und Entscheidungen darüber zu fällen, wie wir in unserem Körper leben wollen.

Wollen wir einen gesunden Körper? Oder wollen wir, daß unser Körper unserem Glück im Wege steht? Dieser Vorsatz entspringt unserem bewußten Denken und manifestiert sich in unseren Zellen. Wir sehen nicht nur unser körperliches Wesen im Spiegel. Es ist auch das Abbild unseres inneren Wesens. Wir sind ein Spiegelbild unseres inneren Wesens. Wir alle sind Einzelwesen, die sich entscheiden können.

Zugleich sind wir Angehörige einer Familie, Bürger einer Stadt oder eines Landes und Menschen eines Kulturkreises. Es ist nur zu verständlich, wenn wir Wert auf die Meinung anderer legen; es ist ein fester Teil einer wechselseitigen Beziehung. Diese Meinungen decken sich manchmal mit unserem inneren Wissen, bisweilen über- lagern sie auch das, von dem wir wissen, daß es für uns am besten ist.

Sind die Stimmen von außen lauter als die Stimme der inneren Weisheit, weichen wir unter Umständen von unserem Weg ab, um andere zufriedenzustellen. „Meine Eltern sagen, es wäre das Beste für mich." „Meine Tradition bestimmt, was für mich das Richtige ist." „Meine Freunde sagen mir, was ich tun soll. Und alle wissen es besser als ich." Was wir von anderen bekommen, paßt nicht immer zu dem, was wir sind, es tröstet uns jedoch, wenn wir bei unseren Mitmenschen nach einer Antwort suchen. Wir suchen nach unserer eigenen Seele, einem höheren Bewußtsein, das uns zu Frieden und Freude führt.

Wenn wir immer nur auf andere blicken, kann uns das nicht glück- lich machen. Es macht uns nur unzufrieden, wenn wir immer versu- chen, allen zu gefallen, und dabei selbst zurückstecken. Vielleicht essen wir dann zuviel, fressen (im wahrsten Sinne des Wortes) alles in uns hinein, um Unzufriedenheit zu kompensieren und die Leere durch Nahrungsmittel zu füllen. Wir versuchen, unser inneres Wesen zufrie- denzustellen, indem wir durch unseren Körper kompensieren. Das klappt so nicht. Der Schrei aus dem Inneren tönt nur noch lauter. HIL- FE! Sogar wenn dieser Schrei lauter wird, verdrängen und übertönen wir ihn, um uns seiner Forderung nicht stellen zu müssen.

Wir fürchten, daß uns andere negativ beurteilen, wenn wir unsere Gefühle mitteilen. Wenn wir die Kritik anderer fürchten, lernen wir auch die Selbstkritik. Fällen wir ein kritisches Urteil über uns selbst, urteilen wir über andere genauso. Anstatt nach dem zu suchen, was Leben schenkt, suchen wir nach dem, was uns fehlt.

Um nicht alleine sein zu müssen, suchen wir nach Menschen, die genauso verwirrt sind wie wir selbst. Wir bleiben allein mit unserer Leere und dem Gefühl, nicht geliebt zu werden. Dann reden wir darü- ber, und es wird noch schlimmer. Unsere kritische Stimme läßt uns nicht in Ruhe. Wir bleiben allein mit unserer Leere, weil uns die Liebe fehlt. Letztlich ist es Liebe, wonach wir suchen. Wenn wir sie geben, nehmen und unsere Seele davon erfüllt ist, finden wir unseren Weg zur Glückseligkeit.

Solange wir dem Weg anderer Menschen folgen, sind wir nicht auf unserem eigenen Weg. Unser eigener Weg ist der einzige, der unser

Herz öffnen wird und der es uns ermöglichst, sein Liebeslied zu hören. Zu jeder Minute des Tages steht es dir frei, Liebe zu geben und zu nehmen. Deine Liebe ist in deinem Herzen. Wie kannst du diesen inneren Rhythmus finden? Frag dein Herz, und dann hör auf das Lied.

Der Schrei nach Hilfe ist ein Schrei nach Liebe

Unsere innere Stimme schreit, sie schreit nach einer Weisheit, die größer ist als wir selbst. Sie schreit nach einer Befreiung von dem Unbehagen. Warum stellen wir uns dem entgegen? Aus irgendeinem Grund fürchten wir uns vor dem Wissen, das uns aus dem Teufelskreis von Verzweiflung und Verdrängung herausführen könnte. Wir sträuben uns dagegen. Anstatt darauf zu hören, essen, trinken, rauchen wir und bleiben von unseren alten Gewohnheiten abhängig.

Die alten Gewohnheiten schienen uns Trost zu spenden, letztlich aber waren sie nicht das, was wir wirklich wollten oder wirklich brauchten. Wir haben auf alle Meinungen gehört, nur nicht auf unsere eigene. Wir haben uns schlicht festgefahren. Jetzt sagt uns der Schrei aus unserem Inneren: „Fang noch einmal an. Hör auf dein eigenes Herz." Wenn ich ernsthaft über eine Sache nachdenken muß, stecke ich einen kleinen Block und einen Stift in meine Tasche, konzentriere mich auf mein Herz und frage ehrlich:

Wie kann ich dieses Problem lösen?

Wie kann ich es besser machen?

Gleichgültig, ob Regen, Sonne oder Schnee, ich gehe vor die Tür. Jedes Wetter regt unsere Sinne an. Ich bekomme Abstand von dem Problem, wie auch immer es aussehen mag, und lasse es los. Ich sage zu mir:

„Lieber Gott, ich übergebe dir dieses Problem. Es ist größer als ich." Beim Gehen erbitte ich Hilfe, Liebe und eine Antwort. Dann lasse ich los. Ich schaue mich um, sehe die Bäume, das Wetter, Enten, Katzen, Kinder oder Autos, an denen ich vorbeigehe. Ich atme tief und lasse die Verspannung in meinem Solarplexus los.

So atme ich langsam tief ein und langsam tief aus. Nach nur wenigen Minuten beginnt mein Körper auf meine Atmung zu reagieren.

Ich fühle mich ruhiger. Meine rasenden Gedanken werden ruhiger. Ich bin mir meiner Atmung bewußt und beobachte alles um mich herum. Dann tauchen die Gefühle auf, und ich lasse sie zu. Wenn ich traurig bin, weine ich. Wenn ich wütend bin, notiere ich es auf meinem Block, wenn ich alleine bin, sage ich laut, daß ich Wut habe.

Wie Elisabeth Kübler-Ross in ihren Büchern über die Trauer sagt, durchlaufen wir verschiedene Stufen des Gefühls, ehe wir zur Ruhe kommen. Zuerst sind wir wütend, dann traurig, dann enttäuscht, dann verwirrt und dann wieder wütend. Ob du es glaubst oder nicht, das ist ein normaler und natürlicher Vorgang. Indem wir diese Reihe der Emotionen fühlen und sie akzeptieren, werden sie aus uns herausgespült. Wenn andere mich verletzt haben, spüre ich den Schmerz im ganzen Körper. Indem ich meine Arme rhythmisch vor- und zurückschwinge und meine Beine mich vorwärts tragen, mache ich meinen inneren Blockaden Luft.

Sobald ich das hinter mich gebracht habe, bin ich bereit, die Antworten zu hören, die meine innere Weisheit für mich bereithält. Wenn ich einen Platz zum Hinsetzen finde, nehme ich meinen kleinen Block aus der Tasche. Normalerweise dauert es nur zwanzig Minuten, ehe ich ein Problem oder eine Herausforderung wirklich anders überdenken kann. Manchmal will ich nicht spazierengehen, ich tue es aber trotzdem, weil ich weiß, daß ich damit eine Möglichkeit habe, die Dinge zum Guten zu wenden.

Es kann sein, daß ich im Wald oder auf dem Weg nach Hause im Auto weinen muß. Das ist unglaublich erleichternd für mich! Dann höre ich Gott antworten. Die Erleichterung und die neuen Einsichten kommen. Das ist sehr viel besser, als etwas zu essen, ein Medikament einzunehmen oder gar wieder mit dem negativen Denken anzufangen, denn du weißt, wenn du damit erst wieder beginnst, dreht sich die Spirale abwärts.

Gestern habe ich eine Million Sonnenblumen auf einem Feld wachsen sehen, und sie alle hatten sich der Sonne zugewandt. Muß ich noch mehr sagen? Ich beziehe meine Energie aus diesen Spaziergängen, der Beobachtung und dem Atmen. Hinterher bin ich froh, losgegangen zu sein, und darauf kommt es an. Tu, was du willst. Nichts ist ein Muß! Hab den Mut, es zu probieren. Jetzt fangen wir von innen an und folgen dem Pfad der Erleuchtung nach außen, wir machen das

Licht an, das aus unserem Inneren leuchtet. Jetzt sind wir bereit, bereit weiterzumachen.

Was suchst du?

Wir suchen im Leben immer nach den angenehmen Gefühlen, Frieden, Ruhe, Glück und Geborgenheit. Ein Geheimnis, durch das du dein Idealgewicht halten kannst, liegt darin, mit dem in Verbindung zu treten, was du wirklich suchst. Damit das möglich wird, mußt du deine Emotionen zulassen. Nimm sie wahr, denn sie wollen dir, deiner Seele und deinem Geist eine Botschaft der Wahrheit zukommen lassen. Wir lösen diese Schichten aus Vorurteilen und Kritik auf, um diese Gefühle, das liebende, alles akzeptierende Selbst in unserem Innern zu finden. Wir bezeichnen dies reine Selbst als das Selbst des Höheren Bewußtseins.

Unser Selbst entzündet Funken des Gefühls. Unsere Erfahrungen und Erinnerungen zünden Funken aus Gefühlen an. Unser allwissendes, weises Herz schickt uns Funken des Gefühls. Du wachst auf, siehst die Sonne scheinen, und ein Lächeln erscheint auf deinem Gesicht. Du triffst eine Freundin, und sie hat dir etwas Schönes zu erzählen. Du freust dich. Dann klingelt das Telefon, und du erfährst von der Erkrankung einer Freundin. Deine Freude weicht der Traurigkeit und der Sorge um deine Freundin, Gedanken darüber, wie du deiner Freundin helfen kannst, sowie der Hoffnung, daß sie bald wieder gesund wird, und der Dankbarkeit über deine eigene Gesundheit. Vielleicht fühlst du dich von der Nachricht wie erschlagen, und sie ängstigt dich. Was wird ihr die Zukunft bringen? Was wird dir die Zukunft bringen?

Diese Funken des Gefühls mischen sich in uns und erzeugen neue Vorstellungen und neue Überzeugungen. Diese Funken können uns auch dazu bringen, daß wir neue Entscheidungen treffen und den Weg der Liebe und Veränderung einschlagen.

Finde das Zentrum deines Geistes

Auch wenn wir im Außen nach Anregungen suchen, wissen wir, daß unsere tiefste, wichtigste Inspiration aus unserem Innern kommt. Jeder von uns ist auf eine einzigartige Art und Weise vom Göttlichen inspiriert, wir alle haben das gleiche Ziel: Freude, Frieden und Liebe. Die Summe aller von uns gemachten Erfahrungen und das im Verlauf vieler Jahre Gelernte summieren sich zu einem gewaltigen Reichtum an Verständnis für komplizierte Probleme und deren Lösungen. Das Erwachen kann jeden Tag passieren.

Ich bin jeden Tag dankbar, daß diese Erfahrung und das Verständnis einen Weg zum Höheren Selbst ebnen können. Wie auf einer Leiter erlauben es mir Erfahrung und Einsicht, meinem Ziel entgegenzuklettern. Ich tue dies mit Liebe im Herzen und in der Absicht, alles, was ich gelernt habe, weiterzuvermitteln.

Ich weiß auch, daß es wichtig ist, tiefen Respekt zu zeigen und all jenen Menschen zu danken, deren Wege sich auf der Suche nach ihren Wünschen mit meinem kreuzen. Dafür, daß sie mein Herz berühren und ich das ihre, zolle ich ihnen den höchsten Respekt. Wenn ich beobachte, daß das, was ich zu vermitteln habe, anderen Menschen Mut macht, bin ich der höchsten Macht dankbar, die ich in meinem Leben, dem anderer und dem Universum als ständig gegenwärtig betrachte. Ich glaube, daß ich Gnade und Kraft aus einer Quelle auf andere übertrage, die stärker ist als ich. Andere Menschen teilen ihren wertvollen Geist ebenso mit mir.

Baue auf deinen Prozeß

Wenn Probleme auftauchen, reagiere ich manchmal genauso wie diejenigen, die bei mir Hilfe suchen. Obwohl ich weiß, daß immer eine Antwort kommt, wenn ich um eine Lösung, Führung und Leitung bitte, warte ich manchmal so lange, bis es wehtut, ehe ich um spirituelle Hilfe und Führung bitte. Die Antwort ist nicht immer einfach. Ich bekomme einen Einblick, der nicht unbedingt aus einer Stimme, sonder einem Wissen besteht. Mir dämmert dann, daß ich mich nicht mehr auf das Problem konzentrieren muß, vor dem ich stehe, sondern statt dessen mein Höheres Selbst um eine Lösung bitten sollte.

Jemand erzählt mir dann: „Mary, hör auf dein inneres Selbst. Es weiß alles." Woher stammen aber all diese Antworten? Wie bekommen wir anscheinend immer die richtige Antwort zur richtigen Zeit? Ich glaube, daß sie aus einer Kraft oder einer Quelle stammt, die größer ist als ich selbst, und daß sich diese Kraft hinter einem Sinn oder Ziel verbirgt, auf das zu ich während meines Lebens reise. Ich habe auch festgestellt: Wenn ich auf den Wachstumsprozeß vertraue und es zulasse, daß er sich auf natürliche Weise entfaltet, überkommt mich ein Gefühl der Ruhe und des Einsseins mit dem Universum.

Verschaffe dir einen Freiraum, um einfach nur auf die Botschaften zu hören, die aus dieser Stille hochkommen. Dies ist ein Beispiel dafür, daß du auf das Leben vertraust. Du kannst inneres Bewußtsein nicht erzwingen. Du kannst es nicht so planen, wie du einen Termin planst. Dein inneres Leben funktioniert nicht pünktlich, sondern wenn du das Bedürfnis danach hast. Der Anfang ist gemacht, wenn du darauf vertraust, daß deine Bedürfnisse dich zum richtigen Zeitpunkt an den richtigen Ort führen, an dem du Gnade findest. Im Vertrauen zu dir findest du die Verbindung mit dem Reich des Geistes.

Wenn ich auf die Abläufe in meiner eigenen Seele baue, habe ich das Gefühl, Vertrauen in das eigentliche Wesen zu haben, von dem all meine Gedanken und Träume stammen. Mein Körper entspannt sich, wenn ich im ruhigen Vertrauen bin, dem Universum buchstäblich alles anvertrauen zu können. Ich kann darauf vertrauen, daß ich all die Liebe, alle Sicherheit und das Wissen bekomme, um meiner eigenen Bestimmung folgen zu können. Mein Geist wird dann klar, und ich kann empfangen, was ich brauche. Wenn ich in der Sorge lebe, nicht das zu bekommen, was ich brauche, Angst habe vor dem Versagen oder eine Illusion heraufbeschwöre, verschließe ich mich innerlich. Ich stehe meinem eigenen Erfolg im Wege, der mir dann geschenkt wird, wenn ich bereit bin, ihn zu empfangen.

Ein höherer Sinn, die wahre Bestimmung

Es war nicht mein Schicksal, Übergewicht zu haben. Deines etwa? Ich benutze mich selbst als Beispiel, weil ich – wie vielleicht auch du – jahrelang nicht wußte, wie ich es anstellen sollte, die Person zu werden, die ich sein wollte. Ich war der Ansicht, mein Übergewicht sei Schicksal. Ich dachte, daß mein Leben so aussehen soll. Ich probierte jedes auf dem Markt erschienene Diätbuch und sämtliche Blitzkuren aus den Zeitschriften, aß nur Grapefruit, wechselte dann zu Gurken, fastete, zählte Kalorien und Gramm. Und ich war immer noch fett.

Schließlich kam ich darauf, daß ich meine Gedanken und Wünsche nur in das Universum hinausschicken mußte, einer höheren Macht übergeben und die Bereitschaft aufbringen mußte, es zuzulassen, sobald es geschieht, anstatt mich auf den Rat anderer Menschen zu verlassen, die mir sagten, wie ich abnehmen solle.

Es ist etwas ganz anderes, sich ein Ergebnis herbeizusehnen, sich diesem Ziel aber nicht vollständig zu widmen, oder sich zu entschließen, die Bereitschaft aufzubringen, für das Ergebnis alles Notwendige zu tun. In der vollen Bereitschaft, die jede Faser deines Wesens, deinen Kopf, dein Herz, deinen Magen, deine Hände, deine Augen und deine Seele durchdringt, wirst du den Willen spüren, dein Vorhaben zu verwirklichen. Der Unterschied ist der, daß dein ganzes Wesen deine Träume unterstützt. Du findest Glauben und Vertrauen zu dir, und das vielleicht zum ersten Mal in deinem Leben.

Ein Mann namens Peter kam in meinen Kurs, um abzunehmen. Er war Computerprogrammierer und haßte seine Arbeit. Um perfekte Computerprogramme zu erstellen, arbeitete er Tag und Nacht, und sein Körper wurde immer dicker und dicker. Das Essen war das einzige, was ihm bei der Bewältigung seiner Arbeit half. Eines Tages sprachen wir im Kurs über Kreativität und darüber, die Arbeit zu tun, die wir lieben. „Kreativ zu arbeiten ist wie verliebt sein", sagte Peter. Ich fragte „Was würdest du gerne tun? Hast du ein Hobby?" „Ich fotografiere gerne", antwortete er lächelnd. Als er das sagte, erhellte sich seine Miene. Alle Gruppenteilnehmer meinten: „Peter, das mußt du machen!" Es war der letzte Tag des Seminars, es kommt aber noch besser.

Ungefähr ein Jahr später war ich am Hauptbahnhof, um einen Fahrschein zu kaufen, als ein Mann, der eine Kamera um den Hals hängen hatte, hinter einem Zug herrannte. Es war Peter! Erstaunt rief ich ihm nach: „Peter, bist du's wirklich?!" Im Vorbeilaufen lachte er und rief: „Ja! Mary! Ich habe 27 Kilo abgenommen! Tschüß. Ich fahre zu einem Fototermin!" Ich rief ihm nach: „Keine Computer mehr?" Er schrie zurück: „Nie wieder!" Peter hatte zu seiner Kreativität und der Basis seines Wohlbefindens gefunden.

Wenn ich manchmal durch die Berge wandere und ihre Schönheit bewundere, plätschernde Bäche höre und die Erde unter meinen Füßen spüre, scheint es so, als ob alle meine Sinne mich darauf aufmerksam machen wollen, daß meine gesamte Umgebung mit einer Art Kraft oder Quelle harmoniert, die größer als das Leben ist, so wie wir es kennen und verstehen.

Sogar mehr noch: Während ich mich in der Schönheit der Natur aufhalte, bemerke ich, daß die Natur weiß, welch großartige Wunder sie vollbringt. Wenn ich zum Beispiel eine Ameisenarmee beobachte und sehe, wie sie alle ihre Aufgabe erfüllen, in einer Reihe ihrem Ziel zustreben und Nachschub an einen speziellen Ort bringen, damit der Staat funktioniert und sie überleben können, komme ich einfach nicht umhin zu fragen, ob nicht auch wir alle ein Ziel und eine Aufgabe haben.

Ich glaube, meine Aufgabe ist die, anderen eine Botschaft der Freude zu bringen und sie in die Lage zu versetzen, mehr Freude zu erleben. Durch diesen Sinn harmonieren meine Wünsche absolut mit allen Menschen und allem anderen. Zusammen dringen wir weiter vor. Bei allen Menschen, denen wir auf dieser Welt begegnen, ändern sich Beziehungen. Wenn wir Dinge an unserem Körper verändern, die wir nicht mögen, und so werden, wie wir uns das vorstellen, verändern wir uns.

Nachdem du dieses Buch gelesen hast, wirst du nicht mehr dieselbe Person sein. Du bist heute nicht derselbe Mensch, der du gestern warst, oder der, der du vor einer Stunde gewesen bist. Wir alle verändern uns, auch du. Nicht nur du unterliegst diesem erstaunlichen Vorgang. Sobald ich mir deiner bewußt bin und du dir meiner bewußt bist, sind wir im Geiste zusammen. Ich bin bei dir, während du deinem höheren Sinn zustrebst und dein Höheres Selbst entwickelst.

Die Vorstellung einer höheren Kraftquelle ist nichts, das durch Messungen oder Tatsachen bewiesen werden kann. Keiner von uns weiß genau, was diese geistige Kraft ist. Auf unsere eigene Art und Weise wissen wir aber alle, daß sie existiert. Seit Tausenden von Jahren haben Philosophen sie zu benennen versucht, sie haben Kirchen und Tempel gebaut und ihr Leben damit verbracht, ihr Wesen zu ergründen. In den verschiedensten Religionen haben Millionen von Menschen nach Wegen gesucht, die Spiritualität zu erfassen. Unser Verstand scheint Trost darin zu finden, daß wir nicht allein auf dieser Welt sind, sondern vielmehr untereinander durch den Glauben an eine Macht, die größer als wir selbst ist, verbunden sind.

Wenn wir denn bereit sind, diese Verbundenheit in unser Herz hineinzulassen, können wir in schweren Zeiten Trost daraus ziehen und wieder in einen Zustand der Leichtigkeit und der Freude gelangen. Geben wir uns jedoch der Illusion hin, unser Schicksal nicht beeinflussen zu können oder keine Kraft zu seiner Bewältigung zu haben, dann sieht es so aus, als würden wir durch ein inneres Wissen wieder auf den Weg geleitet, den wir einschlagen sollen, und so wird unser Gleichgewicht wieder hergestellt.

Manche Menschen bezeichnen dies als ein Erwachen oder eine Vision. Ich versuche nicht, mich für eine besondere Religion oder eine Art der Verehrung einzusetzen, weil einige dieser überirdischen Erlebnisse aus etwas so Einfachem wie einer Ahnung, einer Intuition, einem Gedanken, einer Vorstellung bestehen können oder als gesteigerte Aufmerksamkeit dem alltäglichen Leben gegenüber auftreten können. Es ist gleichgültig, woher sie kommen, solange sie uns nur die Kraft geben, nach vorne zu blicken und uns Ziele zu setzen, die unserem Dasein einen Sinn geben, uns glücklich sein lassen und eine Bedeutung geben: uns also Frieden schenken.

Wenn wir unsere überflüssigen Pfunde verlieren und gesünder werden, können wir ein Gleichgewicht aus Energie und Bewegung erzeugen, während wir mit unbeschwerter Energie durch unseren Körper die Fülle des Lebens verströmen. Sie macht es uns möglich, auf Vorstellungen und Gedanken aus dem Universum zu reagieren und Hilfe zu erbitten. Weil wir ein Teil der Harmonie sind und durch sie an unser Ziel gelangen können, lernen wir, dieser Harmonie gegenüber allen Lebewesen offen zu sein.

Wir können uns Mut, Glauben und Motivation erbitten und glauben, daß auf diese höhere Quelle Verlaß ist. Wir können die Tür zu einem Wissen öffnen, das aus unseren inneren Ressourcen oder dem Universum stammt. Dadurch ist es uns möglich, eine Harmonie mit uns und dem eigentlichen Kern des Lebens erlangen zu können. Wir können uns aber auch Gedanken und Sorgen machen und jede Menge Nahrungsmittel vertilgen. Es liegt ganz bei uns.

Aus dem Glauben erwächst persönliche Stärke

Es geht beim Glauben an eine höhere Macht nicht darum, sie durch Worte zu beschreiben oder zu diskutieren, sondern sie vielmehr als die eigentliche Ursache unseres Schicksals zu betrachten, das uns zum Erfolg führen wird. Du bist nicht allein mit diesem Glauben. Wenn es solche Dinge wie Wunder gibt, dann entstehen sie durch einen Geisteszustand, den man als Glauben kennt.

Die Macht des Glaubens wird durch das Beispiel eines Mannes bewiesen, der auf der ganzen Welt bekannt ist: Mahatma Gandhi. In diesem Manne besaß die Welt eines der außergewöhnlichsten Beispiele dafür, was der Glaube bewirken kann. Trotz der Tatsache, daß er keine der herkömmlichen Werkzeuge der Macht wie Geld, Soldaten und Gewehre benutzte, verfügte Gandhi über unglaubliche Kraft. Wie also kam er zu dieser Energie, die so viele Menschen dazu inspirierte, über so viele Jahre hinweg auf seine Führung zu bauen?

Aus seinem eigenen Verständnis des Glaubens und durch seine Fähigkeit, diesen Glauben vielen Millionen Menschen zu vermitteln, baute er sich eine Gefolgschaft auf. Gandhi brachte all diese Menschen dazu, sich in friedlichem Einvernehmen und durch eine Stimme Gehör zu verschaffen. Welche andere Kraft auf Erden außer dem Glauben kann soviel bewirken? Ghandi hat bewiesen, daß durch den Glauben ein Wunsch in ein tatsächliches Ereignis verwandelt werden kann, und auch du beweist es jeden Tag, indem du dein persönliches Ziel verfolgst, wie auch immer es aussehen möge.

Im Grunde genommen basiert diese Verwandlung einfach nur auf deinem Glauben an dich selbst, auf deiner Entschlossenheit und deinem Vertrauen auf eine Macht, die dein Verständnis übersteigt. Wenn sich der Glaube mit Gedanken verbindet, nimmt das Unbewußte sofort die Schwingung auf. Du kannst den Glauben an dich selbst durch Affirmationen und die Wiederholung der Aussage erzeugen, daß du an dich glaubst. Wenn du diese Aussagen im Geiste wiederholst, wirst du die Samen eines Glaubens säen, der blühen und gedeihen wird. Du wirst stärker werden. Du wirst gelassener werden. Du sendest deinem Geist eine unbewußte Botschaft, wenn dein Wille auf die Beherrschung deiner Ziele gerichtet ist.

Dein Glaube wird immer stärker, wenn du so handelst. Du fängst an, dich harmonischer und motivierter zu fühlen, hast eine positive Einstellung zu allem, was du finden, und zu allem, was du erreichen willst. Wenn du dich jeden Tag deinem Wunsch mehr näherst, dann bring die Bereitschaft auf, deine alten Gewohnheiten, auf deren Konto dein Übergewicht geht, abzulegen wie eine alte Haut. Deinem neuen Bewußtsein zuliebe für alles das, was du bist, läßt du die vergangenen Jahre hinter dir, in denen du einen Schutzwall um dich herum aufgebaut und dich leer gefühlt hast. Jeden Tag baust du fester auf dich und deinen Entschluß, dein Idealgewicht zu erreichen. Du entwickelst dich zu der gesunden, schlanken Person, die du sein willst. Denk daran, du trägst alles in dir, was du dazu brauchst.

Wir lernen das Selbst in unserem Inneren kennen

Wir haben ein Interesse daran, andere Menschen näher kennenzulernen, normalerweise denken wir aber nicht daran, mit uns selbst vertraut zu werden. Weil wir jeden Tag mit uns selbst leben, glauben wir alles zu wissen, was es zu wissen gibt. Wir sind jedoch das offene Geheimnis, stecken voll überraschender Emotionen, Gedanken und Möglichkeiten, wenn wir es uns nur erlauben, sie zu sehen.

Die unberührte Schönheit der Schweizer Natur regte mich ursprünglich dazu an, über eine Weisheit nachzudenken, die größer ist als ich. Ich besuchte die Schweiz, und der erste Anblick dieser in der Ferne steil aufragenden Berge war ja so fabelhaft. Direkt vor mir fand ich mitten im Schnee zarte blühende Blumen. Kraft und Zartheit gemeinsam in dieser Landschaft zu sehen schien wie ein Wunder.

Mein Aufenthalt ging zu Ende, und ich fuhr zurück nach Houston, Texas. Dort versuchte ich allein drei Jungs aufzuziehen und wollte wieder einen Beruf ausüben.

Damals wollten die Frauen in Amerika alles. Auch ich war von dieser kulturbedingten Vorstellung besessen, eine Superfrau sein zu müssen. Houston war eine riesengroße Stadt mit zweieinhalb Millionen Einwohnern, und oft ist es dort entsetzlich heiß. Als ich aus der Schweiz an diesen kargen Ort zurückkam, sagte eine leise Stimme in mir: „Laß das sein und steig aus." Ich rief mein Höheres Selbst oder Gott um Hilfe an. Damals wußte ich noch nicht einmal, wie ich das nennen sollte. Ich erinnere mich daran, um das Krankenhaus, in dem ich arbeitete, herumgefahren zu sein und zu mir gesagt zu haben: „Ich weiß nicht, was mir die Zukunft bringen wird, aber bitte, lieber Gott, nicht das für den Rest meines Lebens."

Während der Jahre, die meiner Vision mit der roten Seilbahn folgten, sprang ich ins kalte Wasser. Ich nahm das Risiko auf mich und zog in die Schweiz, wurde meine überflüssigen Pfunde und das Gewicht auf meinem Herzen los und schrieb „Für immer schlank". In meinen Kursen zum Abnehmen begegnete ich zigtausend Menschen, und schließlich kam es zu dem Buch, das du jetzt liest.

Wir wissen nie, wo uns das Unbekannte hinführt, es fängt aber immer damit an, daß wir uns unserer Gefühle bewußt sind und den Mut haben, auf die Führung durch die Kraft in unserem Inneren zu vertrauen. Von diesem ruhenden Punkt in meinem Inneren aus war ich meiner selbst bewußt und konnte meine Gefühle beobachten. Anstatt Angst zu haben, konnte ich anfangen zu fragen: „Was sagt mir diese Botschaft?" Was versucht mir meine Seele zu sagen?"

Meine innere Stimme konnte ohne die Angst sprechen, daß ich ihr das Wort verbieten und sagen würde: „Diesen Gedanken kann ich nicht annehmen. Das ist nicht möglich." Statt dessen konnte ich die Botschaften vorurteilslos hören und einfach auftauchen lassen. Als die Stimme deutlich wurde, konnte ich der Veränderung, von der ich im Herzen wußte, daß ich sie durchführen mußte, nicht mehr widerstehen. Ich glaube, ich wäre gestorben, wenn ich in Houston geblieben wäre.

Die schwierigste Wandlung, die wir im Leben durchmachen können, ist die, uns unseren Gefühlen – ganz besonders den schwierigen – zu stellen. Entspannung, Meditation und das Beobachten von

Gefühlen sind kein Mittel, ihnen zu entkommen, sondern eines, um uns mit ihnen zu verbinden, sie durch uns strömen zu lassen und uns mit ihnen auseinanderzusetzen. Es ist, als ob man im Nebel auf einer Straße fährt. Manchmal reicht dein Blickfeld nur ein paar Meter weit. Dann hebt sich der Nebel für einen Augenblick, und du seufzt vor Erleichterung. In der nächsten Minute wird der Nebel dichter, und du fährst wieder langsamer, schleichst durch die Watte und fragst dich, ob du je wieder freie Sicht haben wirst. Vielleicht macht es dir Angst, bei einer derart eingeschränkten Sicht zu fahren. Aber du stehst es durch. Es ist eine Entwicklung.

Wenn wir schwierigen Emotionen, insbesondere der Angst, gegenüberstehen, ähnelt das einer Fahrt durch den Nebel. Vielleicht betrachtest du tapfere Menschen und denkst: „Die sind mutig, weil sie keine Angst haben. Sie sind anders als ich." Die Wahrheit ist, daß sie die Angst kennen. Sie atmen tief durch und fahren, so gut sie können, durch den Nebel. Sie wissen, daß eine Zeit kommen wird, wo sich der Nebel lichtet und sie sich auf dem Weg ihres eigenen tiefsten Herzens wiederfinden werden.

Die Vertrautheit mit der Angst ist ein Zeichen der Ehrlichkeit mit uns selbst. Wenn wir die Bereitschaft aufbringen, die für uns bereitgehaltene Botschaft zu hören, dann öffnen wir den Weg, andere Botschaften unseres Herzens zu hören – die Botschaften der Liebe.

Ich erinnere mich an eine Geschichte, die ich von dem amerikanischen Philosophen Wayne Dyer gehört habe. Im späten achtzehnten Jahrhundert bahnten sich Menschen auf der Suche nach neuen Chancen und Horizonten ihren Weg in den amerikanischen Westen. Von Pferdegespannen gezogene Postkutschen beförderten Post und Menschen auf diesen neuen Pfaden. Die in diesen Postkutschen reisenden Menschen wußten nicht, was sie am Ende des Weges vorfinden würden, denn sie waren ja nie zuvor dort gewesen. Sie waren voller Träume und Ängste, ihr Antrieb waren die Aussicht und Hoffnung auf eine bessere Zukunft. Wenn sie sich aus den Fenstern der Postkutsche lehnten, sahen die Passagiere den Rücken von vier Pferden, die so schnell rannten, wie sie nur konnten, wobei ihre Schwänze, während sie die Postkutsche über den holprigen Weg zogen, hinterher wehten. Die Pferde da vorne zogen sie in das Unbekannte hinein.

Diese Pferde sind wie unsere dem Bewußtsein vorauseilenden Sinne und unsere Gefühle. Schon vor den Passagieren in der Kutsche witterten die Pferde eine Gefahr, und sie waren auch die ersten, die das lebensrettende Wasser am Wegesrand wahrnahmen. Der Kutscher, der die Zügel in der Hand hält, ist wie unser Bewußtsein, das versucht, die wilde Energie unserer Gefühle zu lenken. Unsere Emotionen würden uns genauso wie die Pferde aus der Bahn werfen, wenn es der Kutscher zuließe. Durch einen Zug an diesem oder jenem Zügel hält der Kutscher die Geschwindigkeit in die richtige Richtung und auf das Ziel bei.

Im Inneren der Kutsche, die für unseren Körper steht, befindet sich der oder die Reisende, unser Bewußtsein. Am Anfang der Reise bestimmt das Selbst den Kurs, und jetzt vertraut es darauf, daß Bewußtsein und Emotionen den Körper dorthin bringen, wo er hin soll. Es führt ihn behutsam mit seinem Willen und seinem Herzenswunsch zum Ziel. Während die Kutsche auf unbekanntem Terrain durchgeschüttelt wird, denkt der Passagier an den neuen Ort, an den er schließlich gelangen wird. Er lächelt und drängt den Fahrer und die Pferde sanft, ihn sicher dorthin zu bringen.

Jeder von uns ist auf dem Weg in Neuland. Wie kann ich euch denn wirklich sagen, wie ihr euren neuen Weg finden sollt? Wie euren Wunsch und eure Emotionen nutzen, die euch dorthin bringen? Wie kann ich dir sagen, was du tun sollst, um deine Zukunft so zu gestalten, wie du es dir vorstellst? Unser gesunder Menschenverstand sagt uns, daß wir Unbekanntes meiden sollen. Tun wir das aber, dann kommt das einer Flucht vor den besten Möglichkeiten gleich, die uns erwarten.

Welche Schätze liegen in deiner Zukunft verborgen? Du wirst es nie wissen, wenn du dich nicht nachzusehen traust. Wir können den ersten Schritt wagen. Mach eine kleine Pause. Atme tief ein, und laß den Streß des Tages und die Angst vor der Zukunft wie einen alten Mantel von dir abfallen. Spüre die Leichtigkeit und Kraft deiner Emotionen, deines Bewußtseins, deines Selbst. Spüre, wie sie zusammen nach der Bestimmung greifen, die sichtbar wird. Siehst du es? Fühlst du es? Die Wärme kommt nicht nur von außen, sondern auch aus dem Inneren. Liebe ist am Horizont, sie kommt immer näher. Der Geist ist überall, er verleiht deinem Traum Flügel. Du betrittst das Reich deiner

Seele, wo du Frieden findest. Dieses unbekannte Territorium erscheint dir nicht mehr fremd, denn es ist deine Zukunft, und sie ist voller Liebe.

Erinnere dich an den dir von Gott gegebenen Auftrag

Warum existierst du heute, liest gerade in diesem Augenblick dieses Buch? Du existierst, weil du ein Suchender, eine Suchende bist. Du hoffst darauf, etwas zu finden, das du nicht hast. Aber wonach suchst du? Nach dem Geheimnis zum Abnehmen? Nach einem besonderen Wissen, das dir hilft, dieses Gefühl körperlichen Wohlbefinden zu spüren, nach dem du wahrscheinlich lange gesucht hast? Vielleicht suchst du die Unterstützung einer Gruppe, um die Art und Weise verwirklichen zu können, wie du richtig leben und dein Idealgewicht erreichen kannst.

Wir suchen, weil wir Bedürfnisse haben. Wir haben Wünsche. Ich brauche. Ich will. Ich hungere. Unser Körper hat Bedürfnisse. Unser Geist und unsere Seele haben Bedürfnisse. Wir wollen mehr. Aber mehr wovon? Vielleicht wollen wir mehr Nahrungsmittel, aber wir haben gelernt, daß durch sie unser Hunger nicht wirklich gestillt wird.

Hast du je vor der offenen Kühlschranktür gestanden und dich gefragt: „Was will ich eigentlich?" Der Kühlschrank ist voll, du aber spürst, daß da drinnen nicht das ist, was du suchst. Du selbst bist es. Kann es sein, daß wir mehr von uns selbst wollen? Nahrung ist ein erstaunlicher Stoff. Wir können ohne sie nicht leben, und einigen unter uns haben die von ihnen gemachten Erfahrungen gezeigt, daß wir nicht wissen, wie wir mit ihnen leben sollen! Nach einer guten Mahlzeit können wir uns absolut zufrieden fühlen oder deprimierend leer.

Was geht da vor? Sind es die Nahrungsmittel? Oder ist es unsere Einstellung ihnen gegenüber? Ist es das, was die Lebensmittel bei uns bewirken, oder ist es unsere Einstellung, die wir den Lebensmitteln entgegenbringen?

Laß uns näher darauf eingehen, und ich frage noch einmal: Was suchen wir alle? Was willst du für deinen Körper, außer dein Idealgewicht zu erreichen? Was willst du für deinen Geist? Für deine Seele? Was willst im Hinblick auf andere Menschen? Was willst du für dich selbst wirklich? Welche Gefühle lösen die von uns erwünschten Dinge in uns aus? Bereiten sie uns Schmerz oder Freude? Freude natürlich.

Wenn wir aus dieser Sicht darüber nachdenken, ist unser Alltag meist mit Aktivitäten ausgefüllt, bei denen es auf die eine oder andere Art darum geht, uns zu freuen. Wir wollen uns wohlfühlen, und das bedeutet, uns in unserer Haut richtig fühlen. Wir wollen in der Lage sein, uns zu mögen, wie wir aussehen, wie wir handeln, wie andere uns sehen. Wir wollen uns geborgen fühlen. Wir wollen uns sicher fühlen. Wir wollen auch dazu beitragen, daß andere sich geborgen fühlen. Wir wollen in der Lage sein, die persönlichsten, vertrauensvollsten Gefühle geben und nehmen zu können und ein Leben zu führen, in dem sich diese Gefühle widerspiegeln. Wir wollen geliebt werden.

Wenn wir Gefühle leben und ausleben, die uns Freude bereiten, können wir zur Zufriedenheit gelangen. Wir können Heilung finden. Wir fangen an, unser Potential auf unterschiedliche Art zu erleben, in einer Weise, die wir uns vorher nicht vorgestellt hatten. Wir fangen an, uns dem Feld der unendlichen Möglichkeiten anzuschließen, wo Barrieren einstürzen, und wir werden zu dem Menschen, der wir immer sein wollten. Wir erreichen unser Idealgewicht, eine bessere Gesundheit, liebevollere Beziehungen, mehr Kreativität. Es wartet soviel an diesem Ort auf uns. Dort fühlen wir uns vollkommen als Mensch und können entsprechend handeln. Wir können uns ganz und gar geben, können ganz und gar lieben und geliebt werden.

In unserer Kultur wird die Suche nach einem Glücksgefühl normalerweise als egozentrisches Tun auf Kosten anderer Menschen betrachtet, als etwas, das uns seelisch und emotional in einem unreifen Zustand verharren läßt. Wenn wir das Glücksgefühl nur suchen, um Schmerzen zu meiden, dann kann aus der Freude tatsächlich ein Suchtstoff werden. Wenn wir erwarten, daß die Anschaffung eines neuen Gegenstands unsere Beziehungsprobleme löst, wissen wir unter Umständen nicht, was wir wirklich wollen. Wenn wir meinen, ein paar Plätzchen könnten unsere Stimmung aufhellen, könnte dem eine Kindheitserinnerung zugrunde liegen.

Wir werden erkennen, daß die Suche nach einem Glücksgefühl den Anfang eines Weges darstellt, auf dem wir in eine stärkere Verbindung mit uns selbst, mit anderen Menschen und dem Göttlichen in uns treten. Das ist nur der erste Schritt, den wir machen, um unser Herz für Möglichkeiten zu öffnen, an die wir auf keine andere Weise herankommen können. Wir können ihn als Motivationshilfe nutzen, und er kann uns dazu dienen, uns den Schwierigkeiten zu stellen, denen jeder Mensch ab und zu gegenübersteht, anstatt sie zu meiden.

Natürlich ist das Leben nicht immer schön. Das wissen wir alle. Gefallen wir uns immer hundertprozentig? Tun wir immer das Beste für uns und die anderen? Sind unsere Beziehungen immer liebevoll? Bleiben wir stets dem Versprechen treu, das wir uns gegeben haben?

Das Leben ist nicht immer so einfach. Aus allen Richtungen kommen Belastungen auf uns zu. Unter Umständen verlieren wir die Arbeitsstelle. Vielleicht müssen wir umziehen. Jemand, den wir lieben, wird von uns genommen. Wir tun, was wir können, aber wir fühlen uns mißverstanden, sogar schuldig oder nicht gut genug. Wir tun unser Bestes, aber wir fühlen, daß wir nicht genug getan haben. Die Enttäuschung, dieses fürchterliche Gefühl in unserem Bauch, sagt uns, daß eine Sache schiefgegangen ist, und das ist fürchterlich. Und bei vielen von uns kann dies der Auslöser sein, dieses Gefühl durch etwas Angenehmes ersetzen zu wollen.

Unsere typische Reaktion war es bisher, bei einem ungutes Gefühl im Inneren eine Antwort im Äußeren zu suchen. Dieses Ersatzvergnügen bestand für viele von uns aus Nahrungsmitteln; das war jedoch nicht das, was wir tatsächlich brauchten. Kurzfristig gesehen baute uns etwas Eßbares auf, als wir aber zunahmen und die Kleider enger wurden, vertiefte sich unser Kummer nur noch, und unsere Absicht, ein Glücksgefühl zu erleben, fand keine Nahrung.

Wie also lautet die Antwort? Eine Diät? Schau dir nur all die Hungerkuren an, die heute auf dem Markt sind, und du weißt, daß sie wirkungslos sind. Typische Schlankheitskuren rufen ein Mangelempfinden hervor, das Leid begünstigt, keineswegs aber Freude erzeugt.

Du kannst dein Idealgewicht auf eine Weise in deinem Leben verankern, daß du es immer beibehalten kannst. Wie das kurzfristige Vergnügen, das du beim Genuß von Schokolade während einer hektischen Pause hast, so ist auch eine Diät eine kurzfristige Lösung, die selten lange anhält. Das Gewicht steigt wieder, und du stehst vor dem gleichen Dilemma wie vorher. Das ist der Yoyo-Effekt, und wenn du ihn erlebt hast, stehst du nicht allein da.

Wie also da herauskommen? Im Grunde genommen hilft dir dein Idealgewicht, alte Gewohnheiten und Denkweisen, in denen du verstrickt warst, zu verlernen, und es hilft dir dabei, zur Ganzheit zu gelangen, dich selbst anzunehmen und eine durchführbare Lebensstruktur zu finden, was wiederum dein Idealgewicht unterstützen wird. Du kannst einen Ausgleich finden, indem du dein gesamtes Leben nach deinen Herzenswünschen durchforschst, anstatt dein Glück in Genußmitteln zu suchen.

Das ist keine schlichte Kompensation, nicht nur das Austauschen eines sinnlichen Vergnügens gegen ein anderes. Das Glücksgefühl, das du jetzt findest, stammt aus dem Reich des Körpers, der Seele und des Geistes. Um sie entdecken zu können, wirst du deine eigenen Wünsche und Absichten auf eine Weise hin untersuchen, die deinen Blickwinkel auf dich selbst und die Welt erweitert. Du wirst es lernen, dich als eine Person zu betrachten, die auf der Suche nach Liebe ist, die zu unendlicher Kreativität fähig ist, voller Liebe und wert, geliebt zu werden.

5. Schritt

Befreie dich

In der Bibel heißt es sinngemäß: „Wie dein Glaube, so dein Leben". Es heißt, daß du Berge versetzen kannst, wenn du den Glauben eines Senfsamens besitzt. Als Kind wunderte ich mich, was das bedeuten sollte. Einen Berg bewegen? Ich lebte in Minnesota, und dort gibt es keine Berge, aber sogar ich hatte Bilder von den Alpen gesehen und wußte, daß man nicht einfach einen Berg schultern und fortbewegen kann. Was also sollte das heißen? Ich trug sogar einen Senfsamen um den Hals, nur für den Fall, daß es funktionierte.

Über die Jahre mühte ich mich damit ab, dieses schöne Sinnbild zu verstehen. Schließlich lebten seit Tausenden von Jahren Menschen überall auf der Welt ihr Leben nach diesem einfachen Satz, oder sie versuchten es zumindest. So fragte ich mich also: Was, wenn ich dieser Senfsamen wäre? Was, wenn ich mich einfach selbst wachsen und aufblühen ließe und diese Kraft auf irgendeine Weise stark genug wäre, Berge zu versetzen? Vielleicht ist die Kraft eines lebendigen, energetischen Wesens stark genug, die Wirklichkeit sogar des größten mir vorstellbaren Gegenstandes zu verändern.

Ich bin sicher, du hast jemand mit verschränkten Armen herausfordernd dastehen sehen, der ein wenig stirnrunzelnd meinte: „Ich glaub das erst, wenn ich es sehe." Denk über die Haltung dieser Person nach. Dieser Mensch kam bereits zum Schluß, daß dieses Ereignis sicherlich nicht eintreten wird. Er kam zum Schluß, daß es schlicht unmöglich sei. Die Arme sind fest verschränkt, sie schützen den Körper gegen das Wissen, daß es auch anders sein könnte: Er wird es tatsächlich so lange nicht sehen, bis er die Möglichkeit zuläßt.

Wenn wir jeden Tag bewaffnet mit Zweifel und Skepsis beginnen, zeigen wir uns und der Welt, daß wir tatsächlich nicht bereit sind, die reichen Gaben anzunehmen, die uns gehören könnten. Das Ergebnis? Wir bekommen nicht das, worum wir bitten. Vielleicht beschleicht dich dieses Gefühl, wenn du an deine Versuche denkst, abzunehmen. Wenn du immer wieder ab- und dann gleich wieder zugenommen hast, ist es naheliegend, eine argwöhnische Haltung einzunehmen.

Ich kann verstehen, warum du dich so fühlen magst, aber ich will dir genau in diesem Moment sagen, daß du sie dann aufgeben wirst, wenn du letzen Endes von deinem Versagen überzeugt bist. Was aber, wenn du jeden Morgen aufgewacht bist und gesagt hast: „Wenn ich daran glaube, werde ich es auch erleben."

Deine Wirklichkeit wird durch deine innere Einstellung geschaffen. Indem du einfach nur das Bewußtsein für neue Gedanken entwickelst, wird ein Prozeß in Gang gesetzt, durch den sich diese Dinge in deinem Leben manifestieren.

Öffne dein Herz den positiven Möglichkeiten gegenüber, während du das losläßt, was dich einengt. Vielleicht denkst du genau in diesem Augenblick über deine eigenen Möglichkeiten und Fähigkeiten nach. Du denkst vielleicht: „Das kann ich schaffen" oder: „Das kann ich nicht schaffen."

Denke daran, eine Überzeugung ist eine Vorstellung, hinter der die Kraft der Gewißheit steht. Du spürst, daß deine Überzeugung echt ist. Entweder sorgt deine Überzeugung dafür, daß dein innerer Zustand mit deinen äußeren Handlungen übereinstimmt, oder aber sie erzeugt Konflikte. Wenn du sagst: „Ich schaffe es", setzt die Tatsache, daß du an die Möglichkeit glaubst, dein Gehirn in Bewegung, und es schickt einen direkten Befehl an dein Nervensystem, durch den dein physisches Wesen dazu gebracht wird, diesen inneren Zustand zu unterstützen.

Wenn du andererseits eine Überzeugung hegst, die sich gegen ein äußeres Ziel richtet, wirst du in deinem Inneren einen Konflikt auslösen und dich fühlen, als ob eine Schlacht in dir toben würde. Dies ist typisch für den Zustand, der von Schlankheitskuren verursacht wird. Du hast dich dazu entschlossen, aus diesem Buch zu lernen und die Vision deines Idealgewichts zu erreichen. Zu ihrer Verwirklichung unternimmst du im Physischen bestimmte Schritte. Wenn du aber im Inneren davon überzeugt bist, keinen Erfolg zu haben, stellst du fest, daß du zur Aufrechterhaltung deiner Vision kämpfen mußt.

Als Reaktion auf deine Zweifel wird diese vor deinem geistigen Auge mal mehr, mal weniger verschwimmen. Deine Skepsis wirkt sich wie eine Störung beim Empfang eines Radiosenders aus. Du kannst das Signal für deinen Erfolg nicht deutlich empfangen, wenn dein Geist und dein Herz voller Störungen aus Zweifel und Ungläubigkeit sind! Wenn du ernsthaft damit beginnst, den Erfolg deiner Schritte zuzulassen, kannst du in deinem Inneren einen Zustand schaffen, der eine Durchsetzung im Äußeren ermöglicht.

Ob du nun sagst, daß du es kannst oder daß du es nicht kannst – du hast recht. „Ich kann es nicht" heißt in Wirklichkeit: „Ich werde es nicht zulassen." „Ich kann es" heißt „Ich mache meine Wünsche wahr." Was auch immer du zu glauben dich entschieden hast, es wird wahr werden. Deine Überzeugung lenkt deine Wirklichkeit. Unsere Überzeugung gibt uns die Kraft, auf eine bestimmte Art und Weise zu handeln. Wir können an den Erfolg oder einfach an die Möglichkeit des Erfolgs glauben.

Wenn du an den Erfolg glaubst, wird dir die Fähigkeit gegeben, es zu schaffen. Wenn du an einen Mißerfolg glaubst, wird dich die von dir selbst geschickte Botschaft statt dessen genau dazu führen. Wenn du glaubst, daß etwas in deinem Leben möglich ist, öffnest du eine Tür, durch die es hereinkommen kann.

Wenn du meinst, dich nicht verändern zu können, kannst du es auch ganz bestimmt nicht. Wie du dich mittels positiver Gedanken in eine bessere Zukunft voranbringen kannst, kannst du auch im Morast einschränkender Überzeugungen steckenbleiben. Du triffst die Entscheidung. Du hast die Wahl zwischen Ansichten, die einschränken, und Ansichten, die deine Vorhaben und Wünsche fördern. Du hast viele Gründe, warum du schlanker sein wolltest, aber genau so viele, warum du es heute nicht bist. Lies die folgenden Aussagen und frage dich, ob du sie nicht schon irgendwo einmal gehört hast. Vielleicht stammen einige davon von dir (ich weiß, daß dem so ist):

„Ich kann nicht abnehmen, weil es mir wie meiner Mutter/meinem Vater geht. Sie/er hat auch Übergewicht."

„Ich kann nicht abnehmen, weil ich für meine Kinder koche und ihnen ein gutes Beispiel gebe, wenn ich gemeinsam mit ihnen esse."

„Ich kann nicht abnehmen, weil ich Gäste bewirten muß, und es wäre unhöflich, dann nichts zu essen."

„Ich kann nicht abnehmen, weil ich schwere Knochen habe."

„Ich kann nicht abnehmen, weil alle in meiner Familie dick sind."

„Ich kann nicht abnehmen, weil ich faul bin."

„Ich kann nicht abnehmen, weil ich nicht über ausreichend Willenskraft verfüge."

„Jedesmal, wenn ich abnehme, nehme ich auch wieder zu."

„Ich kann nicht abnehmen, weil ich zuviel esse."

„Ich kann nicht abnehmen, weil ich die Kontrolle verliere, sobald ich Eßbares sehe."

„Ich kann nicht abnehmen, weil ich in einem Restaurant oder auf einer Party nicht ‚nein' sagen kann."

„Ich kann nicht abnehmen, weil ich zuviel an das Essen denke."

„Ich kann nicht abnehmen, weil ich esse, wenn ich gelangweilt/wütend/glücklich/traurig bin."

„Ich kann nicht abnehmen, weil ich einfach kein Essen von meinem Teller (oder dem Teller von jemand anderem) wegwerfen kann."

„Ich kann nicht abnehmen, weil ich zuviel zu tun habe. Ich habe einfach nicht die Zeit, darauf zu achten, was ich esse, oder um Sport zu treiben."

„Ich kann nicht abnehmen, weil ich schon zunehme, wenn ich nur an einer Konditorei vorbeigehe."

„Ich esse genauso viel wie andere Menschen. Ich kann nicht abnehmen, weil ich einen langsamen Stoffwechsel habe."

„Ich kann nicht abnehmen, weil ich die genetische Veranlagung für Übergewicht habe. Ich bin einfach so."

Kommen dir einige dieser Aussagen bekannt vor? Fast möchte man sich ihnen anschließen. Aber solch engstirnige Denkweisen (und alles, was du gerade gelesen hast, ist nur die Meinung von jemanden, der den Entschluß gefaßt hat, sich ihnen anzuschließen) sind nur ein paar Beispiele dafür, was wir sagen, um uns davon zu überzeugen, daß wir unser Übergewicht behalten müssen und daß uns keine andere Wahl bleibt.

Eine Frau aus meinen Kursen blieb ihrem Vorhaben, die neuen Schuhe anzubehalten, drei Wochen lang treu. Ich rate meinen Kursteilnehmern, sich nicht zu oft zu wiegen und sich statt dessen auf ihr Gefühl zu konzentrieren. Das rate ich auch dir! Diese Frau wog sich täglich, und die Waage zeigte auch tatsächlich eine ständige Gewichtsabnahme. Aber als diese immer weniger Pfunde anzeigte, bekam sie es mit der Angst zu tun. Sie konnte nicht glauben, daß sie wirklich abnahm, und so war sie überzeugt davon, die Waage sei kaputt.

Sie zog los und kaufte eine neue, aber auch diese zeigte das gleiche an wir die alte, „kaputte" Waage. Enttäuscht kam sie zu mir und erzählte mir diese Geschichte. Ich fragte sie, warum es für sie so schwer war, daran zu glauben, daß sie abnahm. „Weil ich es nicht kann! Ich nehme immer wieder zu!" Sie war den Tränen nahe. Ach du liebes Bißchen!

Wir unterhielten uns noch eine Weile, und sie kam darauf, sich nicht gewogen zu haben, um ihren Erfolg zu messen, sie wog sich, um zu sehen, daß sie scheiterte! In der darauf folgenden Woche konzentrierte sie sich auf das positive Denken. Bewußt entschied sie sich dafür, ihre Zweifel zu überwinden. In der nächsten Woche kam sie zu mir und erzählte, daß sie beide Waagen weggegeben hatte. Sie wollte sich nicht mehr auf das Gewicht konzentrieren, weil sie dadurch einen Zusammenhang mit all ihren früheren Versuchen, ihre überflüssigen Pfunde loszuwerden, und den damit verbundenen Fehlschlägen herstellte.

Wo stammen unsere Denkmuster her?

Jeden Tag erwachen wir mit einer Reihe von Gedanken, die darüber bestimmen, was wir in unserem Leben für möglich halten. Das sind Denkmuster. Warum haben also einige Menschen Denkmuster, die sie zum Erfolg tragen, während andere eine Einstellung besitzen, die ihnen Mißerfolge einträgt? Warum glauben manche Menschen, es sei alles möglich, während andere glauben, wir seien hilflos, unfähig, nicht in der Lage, unser Schicksal in die Hand zu nehmen, und zum Leiden bestimmt?

Die meisten Überzeugungen stammen aus unserer Vorgeschichte. Wir haben sie von geliebten Menschen übernommen. Wir wollten von ihnen geliebt und anerkannt werden, also verhielten wir uns ihrem Muster gemäß, benahmen uns auf eine Art und Weise, in der sich ihre Werte widerspiegelten. So wurden ihre Ansichten zu unseren Ansichten. Dadurch fühlten wir uns mit ihnen verbunden und von ihnen geliebt.

Meine Eltern waren der Ansicht, es sei gut, kräftig zu sein. Um groß und kräftig zu werden, so glaubten sie, sollte man viel essen. Also war auch ich davon überzeugt und aß viel, auch wenn es mehr war, als ich brauchte, und ich dadurch Übergewicht bekam. Ich glaubte ihnen, weil sie meine Eltern waren. Ich liebte sie und wollte von ihnen anerkannt werden. Wenn ich aß, lobten sie mich, und dann wußte ich, sie waren mit mir zufrieden.

Als Erwachsene aß ich noch immer so, lange nachdem ich von zu Hause weggegangen war und meine eigene Familie gegründet hatte. Es waren die gleichen Riesenportionen, durch die ich mich übersättigt fühlte, das gleiche Gefühl, irgendwie artig zu sein, wenn ich all dieses Essen zu mir nahm. Meine Eltern waren aber nicht mehr dabei, um sich gegenseitig zuzunicken und mir zuzulächeln. Der Grund für diese Einstellung war nicht mehr vorhanden, das Verhalten aber immer noch tief eingeprägt!

Die während der Kindheit von uns erlernten Denkmuster können so tief sitzen, daß wir uns nicht einmal daran erinnern, je anders eingestellt gewesen zu sein. Wenn unsere gesamte persönliche Vergangenheit von einer Überzeugung geprägt ist, können wir uns nur schwer von ihr trennen. Sie entspricht einem Grundstein unseres Selbstwertgefühls, auch wenn dies unserer Gesundheit und unserem Wohlbefinden schadet. Wir haben das Gefühl, mit diesen ausgeprägten Einstellungen auf die Welt gekommen zu sein wie mit Fingern und Zehen.

„Brave Mädchen und brave Jungs essen ihren Teller leer."

„Eine Mahlzeit ist ungesund, wenn sie nicht aus großen Portionen aller Arten von Nahrungsmitteln besteht."

„Iß alles auf."

„Nimm ein Plätzchen, und es geht dir besser."

„Wenn wir in der Familie eine große Mahlzeit zusammen einnehmen, zeigen wir, wie sehr wir einander lieben."

„Wenn du deinen Teller leergegessen hast, hast du dir einen Nachtisch verdient."

Obwohl es so aussieht, als ob unsere Denkmuster ein nicht von unserem Wesen zu trennender Teil sind, waren sie uns nicht angeboren. Wir haben sie erlernt, und das bedeutet, daß wir sie auch wieder verlernen, uns ihrer entledigen und sie durch Vorstellungen ersetzen können, die in dieser Lebensphase besser zu uns passen. Wir können jetzt damit anfangen.

Jede Überzeugung basiert auf einer positiven Absicht

Unsere Eltern hatten die gute Absicht, uns ein bestimmtes Verhalten beizubringen. Sie wollten uns ihre Liebe zeigen und das vermitteln, was sie für gute Eßgewohnheiten hielten. Irgend jemandem die Schuld zuzuschieben bringt nichts. Unsere Eltern und Lehrer vermittelten uns diejenigen Werte, die sie wiederum von ihren Eltern und Lehrern beigebracht bekommen hatten. In einem bestimmten Augenblick tun wir alle unser Bestmögliches. Genauso wie du dich bemühst, dein Bestes zu tun, mußt du erkennen, daß sie auf ihre Weise das auch taten.

Aufgrund dieses frühen Erfahrung werden alte Ansichten über das Essen fast immer so lange weitergegeben, bis wir uns bewußt dafür entscheiden, eine Veränderung durchzuführen. Bis dahin leben wir weiterhin nach Anschauungen, die vor Jahren in uns eingepflanzt wurden. Auch dann noch, wenn sie für unser Leben keinen Nutzen und keinen Sinn mehr haben.

Ich möchte dir von meiner eigenen Erfahrung erzählen, bei der es sich um eine einengende Ansicht handelt, derentwegen ich jahrelang Übergewicht hatte.

Meine Mutter backt köstliche Plätzchen und Kuchen. Ich kann es nicht mehr zählen, wie oft ich das Haus betrat und mich der Duft von Plätzchen und Kuchen aus dem Backofen in die Küche zog. Dort stand sie nun und war fleißig mit dem Backen beschäftigt, dann trug sie es zu jemanden in unserer Straße, der krank, traurig oder einsam war. Sie backte für die Kirche, die Schule und für Gemeindeversammlungen. Immer schien sie in der Küche zu stehen, während sich im Haus Wohlgerüche ausbreiteten. Ich kann mich nicht an Zeiten erinnern, zu denen keine Plätzchen im Haus waren. Sie wurden immer in seltsam geformten Blechdosen in den verschiedensten Größen aufbewahrt und warteten darauf, angeboten zu werden, wenn jemand zum Kaffee hereinschaute.

Über viele Jahre hinweg war der Küchentisch, auf dem Kaffee und Teller voller Plätzchen standen, das Zentrum, an dem die Gespräche stattfanden. Ich brauche wohl nicht zu sagen, daß ich im Verlauf der Jahre Hunderte oder vielleicht Tausende von Plätzchen verdrückt habe, wenn ich über Probleme und Themen diskutierte, die mich berührten. Ich hatte absolut keine Ahnung, daß diese Gaumenfreuden ihren Beitrag zu meinem ständig anwachsenden Gewichtsproblem leisteten.

Als Ehefrau und Mutter begann auch ich, Plätzchen zu backen, und glaubte wirklich daran, daß sie meinen Schmerz lindern konnten! Ich betrachtete das Essen nicht als Ablenkung. Dadurch kam ich zu einer Lösung! Meine Überzeugung, daß ein Plätzchen meinen Schmerz beseitigen könne, wurde zu einer Gewohnheit, die mir eine kurzfristige Befriedigung verschaffte, mir aber größere Probleme eintrug – zu viele Pfunde und zu wenig Selbstvertrauen!

Durch die von mir geleiteten Seminare konnte ich die Erfahrung machen, daß viele Menschen der Ansicht sind, Probleme könnten durch das Essen gelindert oder sogar aus der Welt geschafft werden. Ich bin nicht mehr der Ansicht, Probleme könnten durch Nahrungsmittel beseitigt werden. Wenn ich also feststelle, daß mich eine Situation belastet, kommt es mir nicht mehr wie früher automatisch in den Sinn, nach einem Plätzchen zu greifen. Als ich noch daran glaubte, daß durch Eßbares die Dinge in Ordnung gebracht werden würden, war meine erste (und manchmal einzige) Reaktion auf Streß die Frage, wie ich einen süßen, schnellen Trost in die Hände kriegen konnte.

Denk aber daran, daß ein Nahrungsmittel nur ein Nahrungsmittel ist. Es hat keine besondere Kraft. *Du* besitzt sie.

Liebe Menschen mehr als das Essen

Weihnachten und Ostern sind nur zwei Gelegenheiten während des Jahres, an denen viele Menschen es sich erlauben, zuviel zu essen. Anstatt sich zu zügeln, versuchen sich manche verzweifelt in „Schadensbegrenzung". Wie viele von uns haben eine Aufforderung wie die folgende schon gehört:

„Nimm nur eins; ein einziges zu nehmen schadet dir nicht."

„Ich habe mir solche Mühe mit dem Kochen gemacht! Wenn du es nicht probierst, bin ich böse mit dir."

„Na komm schon, du kannst nach den Feiertagen mit uns abnehmen."

Diese Art von gesellschaftlichen Druck ist während der Feiertage und auch zu anderen Zeiten im Jahr weit verbreitet. Während deine Gastgeberin und die Partygäste eine gute Absicht verfolgen (sie wollen ja nur, daß du dich an den Feiertagen amüsierst), vermitteln sie zugleich eine andere Botschaft: „Wenn du nicht gemeinsam mit allen ißt, dann amüsierst du dich nicht."

Glaubst du das? Gehst du zu einer Party des Essens wegen? Was ist mit der Geselligkeit unter Familienmitgliedern und Freunden? Was ist mit den Geschichten, die ihr einander erzählt? Denk an die Erinnerungen, die du an diesen Tag haben wirst. Willst du dich an das Buffet erinnern oder an die Wärme und das Lachen von Freunden?

Jede Begegnung kann ein Kreis des Geistes sein, wenn du dich dazu entschließt, dich auf die Liebe zu konzentrieren, die ihr alle zu teilen vermögt. Es liegt bei dir. Du kannst dich dazu entschließen: „Danke, das ist genug" zu sagen und: „Erzähl mir doch, was du gerade so machst." Denk daran, wie du dich fühlen wirst, wenn du weißt, daß ein Nahrungsmittel nur ein Nahrungsmittel ist und der wirkliche Sinn eines Feiertages in deiner Verbindung zu anderen Menschen und deinem geistigen Selbst liegt.

Zuviel Lebensmittel lenken vom Leben ab. Wenn wir Nahrungsmitteln die Fähigkeit einräumen, emotional zu heilen, lenken wir uns nur von unserer eigentlichen Aufgabe ab. Wir meiden es, unser Problem gezielt anzugehen, wenn wir ihm ausweichen und es einem Plätzchen, einem Törtchen oder einem Nachschlag überlassen, die unseren Konflikt nur unter einer weiteren Fettschicht begraben.

Die Diät des Vergebens

Zu lieben ist nicht immer so leicht, wie wir es uns erhoffen. Wir fürchten, verletzt zu werden. Wir fürchten, uns jemanden gegenüber zu öffnen, der uns seinerseits nicht liebt. Wurden wir nicht alle schon auf diese Weise verletzt? Ich bin sicher, daß wir allesamt ein- oder zweimal dem „Ball der gebrochenen Herzen" einen Besuch abgestattet haben. Wir alle haben erlebt, daß wir etwas, das wir uns so sehr ersehnt hatten, nicht bekommen konnten. Wir alle haben den Schmerz einer gescheiterten Freundschaft kennengelernt.

Dieser so grausame Schmerz kann sich manchmal wie eine Art Tod anfühlen. Wenn das zu schwer zu ertragen ist, überleben wir, indem wir den Schmerz verdrängen und unsere Gefühle tief im Innern vergraben. Mit der Zeit läßt das Trauma nach, aber wir hegen den Groll wie glühende Kohlen in unserem Herzen. Der Schmerz scheint nie nachzulassen. Und tatsächlich läßt der Schmerz nie nach, solange wir ihn in unserem Herzen tragen. Jetzt ist es an der Zeit, sich von ihm zu befreien. Ich meine, daß uns die Erinnerungen aus der Vergangenheit schon genug Kummer bereitet haben. Sie sind einfach zu schwer zu ertragen.

Weißt du, warum ich wirklich denke, daß es wichtig ist, zu vergeben und selbst vergeben zu bekommen? Damit wir unsere gebrochenen Herzen heilen können. Ich habe zuvor schon erwähnt, daß die Angst vor einem Verlust eine unserer größten Ängste ist. Der Verlust wessen? Der Verlust von Liebe. Bei allem Liebeskummer, den wir durchstehen mußten, war es immer so, daß das Leid durch die Abwesenheit von Liebe oder durch ihren Verlust entstanden ist. Die Erinnerung an eine gescheiterte Liebe ist der Grund, warum wir Angst haben, uns wieder zu verlieben, und sei es nur in uns selbst.

So sträuben wir uns also gegen die wichtigste Zutat des Lebens, gegen die Liebe. Wir bauen sogar einen Schutzwall aus Fett um uns herum, der uns vor der Liebe und ihrem drohenden Verlust bewahren soll. Und so leisten wir also Widerstand gegenüber dem, was wir uns mehr als alles andere wünschen. Sind wir denn verrückt? Manchmal möchte man es meinen.

Was wäre, wenn wir all unsere Angst und unseren Widerstand gegen die Liebe aufgeben? Wir könnten uns in Nachsicht üben und damit anfangen, uns wegen des Übergewichts zu vergeben. Wir könnten unseren Müttern vergeben, die uns ermuntert haben zu essen, nur damit wir unseren Nachtisch bekommen. Was ist mit denen, die uns hintergangen haben und die wir hintergangen haben? Könnten wir die Last des Mißtrauens ablegen, wieder zu uns selbst kommen und neu anfangen? Das wäre ein großer Schritt vorwärts.

Mittlerweile weißt du, daß Schlankheitskuren nicht funktionieren, zumindest diejenigen nicht, bei denen es um das Essen geht. Sogar bei den Worten Schlankheitskur oder Diät schaudert es dich. Wie wäre es denn, wenn für dich das Wort „Diät" eine andere Bedeutung bekäme, wenn du damit eine Ernährungsweise umschreiben würdest, die dein Selbst nährt, anstatt daß ihm etwas vorenthalten wird.

Ich wanderte eines Tages in den Bergen und versuchte, einer Freundin zu helfen, die ernste Probleme mit ihrem Übergewicht hatte. An diesem besagten Tag hatte sie sehr großen Kummer. Ich dachte darüber nach, wie ich sie beruhigen konnte, und betete innerlich für sie. Es war kein Zufall, daß ich am Abend zuvor ein Buch mit dem Titel „Ein Kurs in Wundern" gelesen hatte, das ich ein paar Jahre zuvor gekauft hatte. Meine Freundin hatte große Wut auf ihren Mann, und sie hatte sich in diesem Zustand festgebissen.

Ich begann ihr einen Text vorzulesen, der wie folgt lautet: „Vergib siebzig mal siebenmal." Ich fragte mich, warum es diese Zahl war und was das wirklich bedeuten sollte. Ich suchte nach einer Antwort und dachte, daß es sich vielleicht bei siebzig mal sieben, was 490 ergibt, um die Zahl der Affirmationen handelt, die nötig wäre, um die seit ungefähr zwanzig Jahren von ihr unterdrückte Wut wirklich loszulassen. Um den Geist zu befreien, reicht es nie aus, eine Affirmation des Vergebens zwei- oder dreimal zu sprechen. Aber vielleicht würden siebzig mal siebenmal ja ausreichen.

Bei einer Affirmation sagst du etwas, das Wirklichkeit werden soll. Du wiederholst sie immer wieder, bis du daran glaubst, daß sie wahr werden wird. Affirmationen können diejenige Energie erzeugen, die du brauchst, um aus einem angegriffenen Gemütszustand herauszukommen, durch den du daran gehindert wurdest, glücklich zu sein.

Ich fragte Rabbi David Cooper, wie man es bewerkstelligen kann, daß Affirmationen funktionieren. Er meinte, daß die spirituelle Bedeutung von siebzig mal sieben die Vollendung sei. Vollendung ist nicht dasselbe wie ein Ende, es ist der Beginn einer Wandlung. Ja, ich wollte, daß meine Freundin und meine Patienten das auch haben sollten. Es bedeutet, ohne Schuldgefühle und Angst in sich zu ruhen.

Wir alle wären bereit, alles zu tun, um in uns zu ruhen, damit wir uns keine Sorgen mehr machen müßten. Wenn du etwas siebzig mal siebenmal tust, dann zeigt das, daß es deine Absicht ist und du es ernst meinst. Du programmierst deine Art zu denken grundlegend um, und deine höhere Macht hört, daß du es jetzt wirklich ernst meinst und bereit bist. Dann bekommst du alle Energie, die du im Leben brauchen wirst, um ein dauerhaftes Ergebnis zu erzielen.

Mir wurde klar, daß durch das uneingeschränkte Vergeben ein Strom aus totaler Liebe ins Fließen kommt, durch den sich de Groll in nichts auflöst. Du wirst dich so wohl und derart erleichte fühlen, daß du niemals wieder nach einem Ersatz suchen mußt. Eh ich sie jetzt an dich weitergebe, habe ich diese Übung selbst imme wieder praktiziert. Sie funktioniert. Das Wiederholen gibt uns die Kraft.

Ritual: Groll loslassen

Denk an jemanden, der dir ein Unrecht angetan hat. Denk an einen Groll aus der Vergangenheit, den du immer noch hegst. Sprich jetzt eine Affirmation der Vergebung zu dieser Situation, zum Beispiel:

Ich, Mary, vergebe meinem Vater völlig.

Sprich oder schreibe eine Woche lang eine Affirmation 70mal pro Tag. Du kannst 35 am Morgen und 35 am Abend machen. Hier sind andere Beispiele:

Ich bin bereit, all meine Wut und meinen Groll gegen .... aufzugeben.

Ich vergebe mir selbst für das falsche Denken, das mich blockiert hat.

Ich vergebe mir selbst dafür, daß ich meinem Körper Schaden zugefügt habe.

Ich vergebe mir selbst dafür, daß ich Essen zu mir genommen habe, als ich Liebe wollte.

Ich vergebe mir selbst vollständig.

Ich bin bereit, jenen zu vergeben, die ich beschuldigt habe, mir ein Unrecht anzutun.

Versuche vier Wochen lang eine Affirmation der Vergebung zu sprechen. Entscheide dich für Affirmationen, die dein Herz ansprechen.

Gehe nach diesen vier Wochen zu Affirmationen über, durch die du das loslassen kannst, was zwischen dir und der Lösung deines Problems steht.

Wähle eine Affirmation pro Woche über vier Wochen hinweg. Hier sind Beispiele:

Ich bin bereit, alles loszulassen, was zwischen mir und meinem Ziel steht.

Ich bin jetzt bereit, meine Wut und meinen Groll aufzugeben.

Ich bin bereit, zu entspannen und die Energie der absoluten Liebe zu akzeptieren.

Ich kann mich unbesorgt so lieben, wie ich bin.

Ich kann mir selbst und anderen unbesorgt vergeben.

Ich erkenne jetzt, daß ich Angst vor dem Abnehmen hatte.

Ich gebe jetzt den Haß auf mich selbst und die Selbstzweifel auf.

Ich habe das Recht zu denken, was ich will, weil sich mein Geist in jeder Zelle meines Körpers befindet.

Wähle aus diesen Affirmationen diejenige aus, die deine Verwandlung in ein völlig liebendes Wesen vervollständigt. Wähle eine aus, die dein Herz anspricht, aber denke daran, daß die Kraft in den siebzig mal siebenmal liegt: Sprich eine Affirmation 70mal pro Tag eine Woche lang, um seine Wirkung zu spüren. Hier sind die Affirmationen, die ich benutze:

Heute entschließe ich mich dazu, Liebe zu schenken.

Heute entschließe ich mich dazu, Liebe zu empfangen.

Heute nehme ich Liebe in allen wahr, denen ich begegne.

Ich bin sicher, daß es für mich ausreichend Liebe und genug zu essen gibt.

Mein Körper hat eine natürliche Neigung zu Heilung und Schönheit.

Ich mag meinen Körper, und je mehr ich ihn mag, um so liebenswerter wird er.

Weil ich meinen Körper geschaffen habe, vermag ich alle guten Seiten an ihm zu schätzen.

Ich habe das Recht, „nein" zu sagen, ohne die Liebe der Menschen zu verlieren.

Mein Körper ist meine individuelle Ausdrucksform. Ich muß die Muster meiner Familie nicht mehr in meinem Körper ausleben.

Ich liebe und akzeptiere mich vollkommen.

Ich habe die Kraft, mit dem Gewicht zu leben, das ich mir wünsche.

Ich werde mein Idealgewicht erreichen!

Ich liebe die Nahrung, weil ich weiß, daß sie mir nicht schaden kann.

Alles, was ich esse, ist nahrhaft für meinen Körper und meine Seele, und es schadet mir nie.

Ich lobe mich für das Essen. Ich bin eine schlanke Person, die sich hinsetzen, langsam essen und aufhören kann, wenn sie satt ist.

Nach und nach esse ich ohne Sorgen und Mühe weniger.

Es macht mir Spaß, attraktiv zu sein.

Ich bin bereit, die Freuden der Liebe ohne Angst oder Schuldgefühle anzunehmen.

Ich bleibe attraktiv und verfüge über immer mehr wunderbare Energie.

Ich bin bereit, damit aufzuhören, mir selbst und anderen die Schuld für meine Probleme zuzuschieben.

Es bereitet mir keinerlei Probleme, mich wohlzufühlen

Es gibt kein Problem, das ich nicht mit Hilfe meines Höheren Selbst und indem ich die Hilfe der göttlichen Weisheit erbitte lösen kann.

Ich bin bereit, mich zu entspannen und die Energie der absoluten Liebe anzunehmen.

Ich werde jetzt spirituell genährt.

Mein inneres Wesen hält die Antworten bereit, die ich brauche.

Die Kraft der Phantasie

Menschen haben die einzigartige Fähigkeit, die Dinge nicht nur so zu sehen, wie sie sind, sondern auch, wie sie sein können. Mittels der Vorstellungskraft können wir unsere Realität dergestalt verändern, daß sie unseren Träumen entspricht. Ich habe nie etwas erlebt, das einem Menschen soviel Energie schenkt wie eine Vision, an deren Verwirklichung er arbeitet. Ich habe Menschen gesehen, die wegen eines Vorhabens, das ihnen am Herzen lag, auf Schlaf, Nahrung und alltägliche Annehmlichkeiten verzichteten.

Wenn Menschen eine Vision haben, sind sie nicht mehr aufzuhalten. Einen Menschen, der sich einer Sache widmet, umgibt etwas Magisches, etwas Wertvolleres, als ich es in Worte zu fassen vermag.

122

Wir haben die gleiche Energie in uns, die die Einsteins und Edisons zu einer Veränderung der Welt brachte.

Wir alle tragen diesen Funken, diesen Gedanken in uns, der uns zu Höchstleistungen antreibt. Alles, was wir tun müssen, ist die Bereitschaft mitzubringen, zuhören und entsprechend zu handeln. In dir schlummern Talente, die weit größer sind, als du glaubst, und die du noch nicht verwirklicht hast. Es ist deine Vorstellungskraft, die diese Fähigkeiten zur Entfaltung bringen kann. Mit anderen Worten: Du kannst alles erreichen, was du dir auch vorstellen kannst.

Wenn du dir das Schlanksein so vorstellst, als ob es bereits Realität wäre, dann schickst du deinem Unterbewußtsein ein Signal, daß du bereit bist für eine Veränderung, und die Räder setzen sich in Bewegung. Durch Kreativität und Vorstellungskraft tritt dein Geist direkt mit deinem Unterbewußtsein in Kontakt. Das Unbewußte stellt die Fähigkeit dar, durch die Ahnungen und Inspiration empfangen werden. Es bringt dich nicht nur dazu, über die Schlankheit nachzudenken, sondern auch dazu, zu begreifen, daß du fähig bist, genau das zu werden, was du sein willst. Wenn du eine Orange auspreßt, bekommst du Orangensaft.

Die Vorstellungskraft ist die Werkstatt des Geistes. Wenn du darüber nachdenkst, stammen alle Pläne, Gewicht abzunehmen, aus deinem Geist. Die kreative Vorstellungskraft wird mit dem Gebrauch schärfer, genau wie jeder Muskel oder jedes Organ des Körpers durch Training gestärkt wird.

Werden wir geliebt, dann fehlt es uns an nichts

Manche Menschen haben einen unstillbaren Hunger nach emotionaler und körperlicher Zufriedenheit. Kennst du einen solchen Menschen? Es hat den Anschein, als ob sie nie genug kriegen könnten. Sogar wenn sie ihre Rechnungen bezahlen können, Lebensmittel im Überfluß, eine stabile Beziehung und auch sonst alles haben, was sie nur irgendwie brauchen, leiden sie immer noch unter einer dunklen Leere. Sie arbeiten wie besessen, um sicherzugehen, daß an jede Einzelheit gedacht wurde. In der Sorge, etwas vergessen zu haben, finden sie keinen Schlaf. Aber sogar dann, wenn sie den Lohn für ihre Mühen ernten, können sie sich nicht entspannen und genießen. Sie wissen einfach nicht, was sie mit Glück und Erfolg anfangen sollen. Sie finden den Sinn ihres Daseins in Krisenzeiten. Mit Zähigkeit und Mut umschiffen sie Klippen, wenn sie aber auf dem Gipfel des Erfolges stehen, wird ihnen plötzlich schwindlig, und sie stürzen wieder ab.

Die weit verbreitete Angst, nichts sei jemals gut genug, hält uns davon ab, reich zu werden und Erfolg haben zu können, wenn wir es nur wollen und akzeptieren. Dieser Geisteszustand sagt uns nur eines: „Du wirst niemals genug haben. Was immer du besitzt, du wirst es verlieren." Es handelt sich hierbei um den Hang zum Leiden. Menschen, die mit dieser Neigung leben, existieren unter einem Schatten.

Diese alte Gewohnheit besagt, daß der Schmerz, nicht die Liebe, unser unvermeidlicher Daseinszustand sei. Leer im Geiste und voll der Angst, hat diese Seele keinen Zugang zum Erleben von wahrer Liebe und Gelassenheit. Indem du die bewußte Entscheidung triffst, der Liebe einen Zugang offenzuhalten, kannst du diesen Hang zum Leiden auflösen. Wenn du spürst, daß du eine Tendenz zum Leiden hast, dann öffne dein Herz mit diesen Affirmationen:

„Ich habe die Fähigkeiten, die ich brauche. Sie sind in mir, und keiner kann sie mir wegnehmen."

„Die Welt ist voller Möglichkeiten."

„Nichts, was wirklich wichtig ist, kann mir genommen werden."

„Heute habe ich alles, was ich brauche."

„Ich vertraue darauf, daß mir das Universum alle Mittel und Chancen zur Verfügung stellt, die ich brauche, um ganz zu sein. Ich werde diese Geschenke kreativ, mit Liebe und einem offenen Herzen nutzen."

Was wir von einem Baby lernen können

Diese Geschichte erzähle ich in meinen Kursen. Ich habe sie selbst erlebt, und wenn ich daran denke, staune ich immer wieder. Jedes Kind wird in Liebe in diese Welt geboren. Jede Mutter und jeder Vater glaubt, ihr oder sein Baby sei ein Wunder des Lebens, und natürlich ist das auch so. Das Kind ist voll von Liebe und warmer Milch aus der Brust der Mutter. Vom ersten Tag an soll es dem Kind so gut wie nur möglich gehen, und es wird umhegt und umsorgt. Das Kind wird geliebt und akzeptiert, gleichgültig ob es weint oder in den Armen der Mutter einschläft. Wenn Hunger oder Schmerz es plagen, haben Mutter und Vater es sehr eilig, es schnellstmöglich zu beruhigen. Das Kind lernt, sich sicher zu fühlen.

Bald fängt es an zu lernen und sich zu entwickeln. In nur einem Jahr beginnt das Kind damit, aufzustehen, sich mit der Hilfe eines Stuhles oder Tischbeins hochzuziehen. Welch ein Wunder! Zuerst sind seine kleinen Beinchen wacklig und zittern, es fällt hin und weint vor Enttäuschung. Nach kurzer Zeit hat sich das Kind erholt und versucht unermüdlich, wieder aufzustehen. Wieder fällt es hin, fängt sich und versucht es noch einmal. Mutter und Vater warten gespannt auf den ersten Schritt.

Das Baby kennt keine Zweifel. Vielmehr zeigt es immer wieder den Willen aufzustehen. Nach jedem Hinfallen baut es sein Vertrauen wieder völlig auf. Dieses Lernen geht Hand in Hand mit Ausdauer und starkem Willen. Bei jedem Versuch des Kindes werden seine Beine etwas kräftiger. Es mag vielleicht hinfallen, aber durch das kleine bißchen Kraft, das es bei jedem Versuch gesammelt hat, macht es Fortschritte.

Wie durch ein Wunder sind seine Beine eines Tages kräftig genug. Der lang ersehnte Augenblick ist da, und voller Freude macht das Kind seinen ersten Schritt. Jetzt beginnt ein Leben, in dem es geht, rennt, sich streckt und wächst. Das Baby denkt nie an die Vergangenheit und sagt sich: „Gut, ich kann jetzt also laufen, dann fange ich wieder an zu sitzen und zu krabbeln." Welch ein wunderbares Sinnbild für das Lernen!

Wenn wir erwachsen sind, überschattet bei uns manchmal der Zweifel den Willen, unsere Vorhaben in die Realität umzusetzen, und auf halbem Wege geben wir auf. Diese Ausdauer haben wir irgendwie vergessen, und auch daß das Geheimnis darin liegt, die Zweifel abzulegen und nie die Hoffnung aufzugeben.

Ein Kleinkind kennt dieses Geheimnis instinktiv. Und auch wir wußten es instinktiv, aber irgendwann im Lauf der Zeit haben wir es vergessen. Niemand hat dem Kind gesagt, daß sein Wunsch zu laufen unmöglich sei. Aber als Erwachsene erzählen uns viele Menschen, daß unsere Wünsche und Träume nicht zu verwirklichen seien. Völlig frei und mit Unterstützung macht das Kind Schritt um Schritt nach vorne. Nichts, weder Sorgen noch fehlendes Selbstvertrauen, standen ihm im Weg.

Wie gingen uns diese Furchtlosigkeit und dieses Vertrauen in unsere Fähigkeiten verloren? Denk nur daran, welche Energie wir in uns selbst freisetzen, wenn wir uns an die in unserem Innern schlummernden Fähigkeiten erinnern und sagen: „Ich werde mein Idealgewicht erreichen."

Jeden Tag erinnern wir uns daran, daß wir als kleine Kinder das Verlangen hatten zu laufen und es ohne Zögern in die Tat umsetzten. Irgendwann im Laufe der Zeit haben wir den Glauben an uns selbst verloren, den Glauben an unsere Wünsche, den Glauben an unsere inneren Fähigkeiten. Ich meine, wir können all das einfach nur durch die Erinnerung daran zurückerlangen, was ein kleines Baby so alles fertigbringen kann.

6. Schritt

Schluß mit negativem Denken

Wir haben über das gesprochen, was wir wirklich wollen, was wir uns wirklich wünschen. Jetzt stell dir vor, du könntest morgen früh aufwachen und neu anfangen. Du hättest keine Vergangenheit zu bewältigen. Keine Gewohnheiten abzulegen. Keine Muster neu festzulegen.

Stell dir vor, wie unschuldig wir uns fühlen würden, gerade so, als ob wir mit dem unschuldigen Geist und der Neugierde eines Kindes wiedergeboren worden wären. Wir hätten keine Ängste oder Widerstände gegen dies oder das. Die Stimmen anderer Menschen würden uns nicht ins Ohr flüstern, daß dies besser als jenes sei. Wir würden uns keine Sorgen darum machen, ob wir im Trend liegen oder hinter dem Mond zu Hause sind. Wir würden uns nicht darum scheren, ob wir die besten oder die schnellsten oder die reichsten oder die schlanksten sind. Wir könnten einfach nur wir selbst sein, offen gegenüber unseren Möglichkeiten und dem vor uns liegenden Weg.

Natürlich können wir unsere Vergangenheit nicht völlig auslöschen, und wir wollen uns ja auch gar nicht von all den wunderbaren Erinnerungen trennen, die wir im Lauf der Jahre gesammelt haben! Aber wir können es lernen, ein Gefühl der Offenheit und Bereitschaft zum Wandel zu entwickeln. Wir können lernen, was uns im Wege steht, loszulassen, und anzunehmen, was uns weiterbringt.

Es stimmt, daß wir zuerst das loslassen müssen, was uns behindert, damit wir in unserem Leben Platz für etwas Neues schaffen können. Wir müssen eine Rose zurückschneiden, erst dann kann sie blühen. Am Anfang sieht der Busch häßlich und kahl aus und ist voller Dornen. Womöglich fragen wir uns, welchen Sinn es hat, ihn zurückzuschneiden. Durch den Schnitt wird die Pflanze jedoch zu neuem Wachstum angeregt. Blüten wie nie zuvor brechen auf. Mit unserem Leben kann es genauso sein. Du hast dich dazu entschieden, diejenigen Teile deiner Lebensgewohnheiten abzulegen, die deinen Träumen in Wege standen. Du hast deine Gewohnheiten „zurückgeschnitten", und vielleicht fühlst du dich deswegen gerade etwas dornig.

Es kann unbequem sein, eingefleischte Verhaltensweisen abzulegen. Es mag dir völlig gegen den Strich gehen, wenn du jahrelang praktizierte Verhaltensweisen aufgeben sollst. Während du darauf wartest, daß deine neuen Gewohnheiten aufblühen, mag dir dein gewohnter Tagesablauf fremd erscheinen. Warte ab! Denk an den kahlen Rosenstrauch und daß er in seinem Inneren mit dem Aufbau von Rosen beschäftigt ist, die Wochen später blühen werden. Auch dein Körper, dein Geist und deine Seele werden ein neues Selbst entwikkeln, das eine tiefere Verbindung mit deinem Höheren Selbst und eine Verbindung der inneren und äußeren Ziele besitzt.

Das Loslassen alter Gewohnheiten schafft Platz für neue. Du kannst sicher sein, daß dein neues Selbst allmählich auftauchen wird. Es passiert vielleicht nicht dann, wenn du es erwartest, aber wenn du deine neuen Gewohnheiten weiter auf gesunde Art und Weise gießt, wird das Loslassen der Vergangenheit nicht mehr ein Opfer, sondern ein Geschenk sein. Gib dir Zeit. Rom wurde auch nicht an einem Tag erbaut. Die Zweifel kommen wieder. Mach dich immer wieder von ihnen frei. Es wird jedesmal einfacher.

Alte Gewohnheiten
können immer noch ein fernes Echo haben

Manchmal werden wir durch Gewohnheiten und zwanghaftes Denken dazu verführt, wieder in die alten Schuhe zu schlüpfen. Gelegentlich nehmen unsere Sinne wieder damit Verbindung auf und erinnern uns daran. Manchmal leiten uns ein Geruch oder ein Geräusch direkt in eine andere Zeit und an einen anderen Ort. Sie lösen ein Verhalten aus, von dem wir glaubten, es schon lange überwunden zu haben.

Wenn es vorkommt, können wir es einfach erkennen, sehr viel schwieriger wird es, diesem Verhalten wirklich Einhalt zu gebieten. Wenn wir an die Vergangenheit erinnert werden, durchleben wir diese Erfahrungen auf der unbewußten Ebene noch einmal. Das geschieht manchmal derart subtil, daß es einer bewußten Anstrengung bedarf, der wirklichen Ursache für das Verhalten auf den Grund zu kommen.

Ich wachte an einem Morgen im Mai auf und hatte dieses mulmige Gefühl im Magen. Es fiel mir schwer, meinen Geist zu sammeln. Irgend etwas beunruhigte mich, ich konnte aber nicht feststellen, was es war! Ein paar Minuten lang lag ich ruhig in meinem warmen Bett. Ich dachte an andere Dinge, meinen Wunsch, später am Tag wandern zu gehen, meine Arbeitsplanung für den Tag, meine positive Absicht, nur das zu essen, was mir helfen würde, mein Idealgewicht zu halten, und dann lenkte ich meine Aufmerksamkeit wieder zu meiner Ängstlichkeit zurück, die immer noch in Wellen meinen Magen durchflutete.

Diese Angst fühlte sich an wie Unsicherheit. Ich fühlte mich ungeschützt. Aber weswegen fühlte ich mich unsicher? War es das Geld? Nein. Ich hatte genug, um meine Rechnungen zu bezahlen. War ich einsam? Nein. Hatte ich Angst vor der Zukunft? Nein, das war es nicht. Was also war es? Ich lag ein paar Minuten lang ruhig da und dachte an andere Dinge.

Plötzlich erinnerte ich mich daran, daß ich mich genau in diesem Monat vor zwei Jahren sehr unsicher gefühlt hatte, und aus gutem Grund. Ich war an einem Vorhaben beteiligt, das mich finanziell fast völlig ruiniert und eine große Menge an Emotionen und physischer Energie gekostet hatte.

Es war ein kalter, regnerischer Frühling gewesen, und ich erinnerte mich daran, meine Situation immer und immer wieder überdacht zu haben, während ich meine Frühjahrsgarderobe aus dem Lager nahm und die Wintersachen wegpackte. Während ich jetzt im Bett lag, erkannte ich, daß ich am vergangenen Abend meine Frühjahrsgarderobe hervorgeholt und meine Wintersachen verstaut hatte. Und mit den Frühjahrssachen waren alle Erinnerungen unversehrt hochgekommen. Die Verbindung zischen meinem Gefühl der Unsicherheit und dem Vorgang des Auspackens meiner Frühjahrsgarderobe war so direkt wie eine Telefonverbindung.

Ich war dankbar für diese Erkenntnis, die an diesem Morgen auftauchte. Ohne sie wäre ich versucht gewesen, meine aufgewühlten Emotionen mit der alten Gewohnheit zu beruhigen und zuviel zu essen. Ich hatte ein ziemlich mulmiges Gefühl im Magen und hätte das leicht als einen wirklichen physischen Hunger mißverstehen oder mich einfach dazu entschließen können, dieses unbequeme Gefühl mit Essen zu ersticken.

Obwohl ich meine Gefühle bewußt erkannt hatte, hieß das nicht automatisch, daß sie verschwanden. Ich mußte aufmerksam sein, beobachten, daß eine alte Erinnerung aufgetaucht war, und mich dann zu einer Rückkehr in die Gegenwart entschließen. Ich habe eine schwere Schule durchgemacht und gelernt, daß diese Sache sehr vorsichtig angegangen werden muß. Es braucht seine eigene Zeit.

Das ist auch der Grund dafür, warum ich morgens nicht sofort aus dem Bett springe. Hätte ich mir nicht die Zeit genommen zu untersuchen, was hinter diesen Gefühlen steckt, hätte mein Kopf im Kühlschrank gesteckt, während ich mit den Füßen in meine Pantoffel geschlüpft wäre.

Diese ruhigen, nachdenklichen Augenblicke vor Tagesbeginn sind sehr wichtig, damit ich mir über die zutage tretenden Emotionen bewußt werde. Bitte, bitte nimm dir diese Zeit, wann immer du sie brauchst! Wenn du dich im Würgegriff eines Gefühls wiederfindest, nimm dir, was immer du auch tust, nur fünf Minuten Zeit, um dich in Ruhe mit deinen Gefühlen auseinanderzusetzen.

Es kann schwer sein, dir diese Zeit zuzugestehen. Immer gibt es mindestens sechs andere Dinge zu tun, und wenn du nicht tatsächlich erklären kannst, was du fühlst, mag es vielleicht egozentrisch erscheinen, wichtigere Angelegenheiten liegenzulassen, um deinen vagen, bislang unbenannten Gefühlen nachzuspüren. Dies ist aber kein Egoismus. Du kümmerst dich um dich selbst.

Wenn du hören willst, was dir deine innere Stimme zu sagen hat, mußt du zuhören. Du mußt das niemandem erklären. Du mußt diese Zeit gegenüber niemandem rechtfertigen. Du mußt nur daran glauben, daß du es verdienst, sie dir dann zu nehmen, wenn du sie brauchst.

Hier sind einige Dinge, die dir in schwierigen Augenblicken helfen können:

- Einen Freund/eine Freundin anrufen.
- Aufschreiben, was dir Kummer bereitet.
- Schreib eine Notiz an dich selbst, in der du dir sagst, daß du dich liebst und akzeptierst.
- Nimm ein Bad oder Duschbad und denk nach.
- Mach einen Spaziergang rund um einen See herum oder in einer landschaftlich schönen Gegend.

- Höre Musik, die dich aufmuntert. Singe dazu! Tanze dazu! Wodurch bekommst du bessere Laune? Mach es jetzt.
- Wenn du immer noch den Würgegriff spürst, der dich zu übertriebenem Essen hinzieht, sprich zu dir selbst: „Dieser Impuls geht vorbei. Das wird vorübergehen."

An diese Rituale halte ich mich, wenn ich meinen Geist beruhigen will:

Ritual: Das Blatt in der Strömung

Laß los, laß los, laß los… Was hindert dich daran? Was blockiert dein Herz? Stell' es dir als ein Blatt in der Strömung vor, wie es sanft von dannen schwebt. Du beobachtest, wie es sich entfernt, es bleibt manchmal an Steinen hängen oder klemmt sich an Ästchen fest, aber während die Strömung weiterfließt, bahnt sich das kleine Blatt schließlich seinen Weg. Frei treibt es den Fluß hinunter und schließlich hinaus auf das Meer.

Ritual: Gib es weg

Schau in deinen Schrank. Bewahrst du noch immer einen alten Mantel oder eine Jacke auf, von denen du weißt, daß du sie nie mehr tragen wirst? Pack sie in eine Tüte, geh symbolisch auf eine ganz besondere Reise zum Altkleidercontainer, und gib sie einfach weg. Beobachte, wie du dich danach fühlst. Ich habe die Erfahrung gemacht, daß ich mich erst dann wirklich aus einem alten Muster gelöst oder von einer alten Erinnerung getrennt habe, wenn ich mir die Zeit nehme und zum Beispiel einen alten Mantel ausrangiere!

Füll die Lücken mit positiven Gedanken auf

Es gibt eine alte Geschichte über einen Weisen, der sich vor Jahrhunderten mit der Frage des negativen Denkens herumschlug. Er erkannte, daß er niemals in den Himmel kommen würde, wenn er es zuließe, daß negative Gedanken über sein Leben herrschten. Er beschaffte sich zwei Häufchen Kieselsteine, einen dunklen und einen hellen, die er außerhalb seiner Hütte aufschüttete.

Jedesmal, wenn er einen negativen Gedanken hatte, nahm er einen Kiesel vom dunklen Häufchen und stapelte ihn auf. Wenn er einen liebevollen Gedanken hatte, nahm er einen weißen Kiesel und legte ihn auf einen anderen Stapel. In seinen jungen Jahren war der dunkle Stapel höher gewesen als der weiße. Als sein Leben jedoch vorangeschritten war, wurde der weiße Stapel höher, und schließlich warf er einen Schatten auf den dunklen Stapel. Als er im fortgeschrittenen Alter bereit war, aus dieser Welt zu scheiden, hatte er das negative Denken vollständig überwunden.

Du wirst leichter Erfolge verbuchen, wenn du von dir positive Gedanken erwartest. Wenn du von dir erwartest, deine überflüssigen Pfunde zu verlieren, dann wirst du es auch tun. Du kannst deine Motivation oder ihr Fehlen spüren. Dein inneres Selbst weiß Bescheid. Du befindest dich inmitten einer positiven Veränderung deines Lebens. Du verpflichtest dich gegenüber deiner Gesundheit und deinem Wohlergehen. Du wirst zu deinem besten Freund, tust etwas nur für dich. Du tust etwas, von dem du jahrelang geträumt hast.

Deine Haltung hat einen großen Einfluß darauf, wie du diese Veränderung in den kommenden Wochen bewältigen wirst. Indem du an eine Diät denkst, erzeugst du eine negative Einstellung, denn du betrachtest sie als Entbehrung. Mit einer negativen Einstellung wirst du alles als Problem, Krise oder ein Versagen betrachten.

Eine positive Haltung wird dieselben Situationen als Gelegenheit zum Lernen ansehen. Eine positive Haltung zu haben heißt nicht, daß du immer eine künstliche Fröhlichkeit an den Tag legen mußt. Menschen, die in jeder Lebenssituation lächeln, sind oftmals genausowenig mit ihren wirklichen Gefühlen vertraut wie depressive Menschen. Bei der positiven Einstellung, die ich meine, geht es darum, die Energie auf das zu konzentrieren, was wir mit unserem

Leben machen können, es geht um die positiven Möglichkeiten in jedem einzelnen von uns und nicht darum, uns herauszureden: „Ich habe keine Zeit" oder „Dazu bin ich zu alt".

Optimismus ist eine Sache des Herzens, eine Art und Weise, sich dem zu nähern, was das Leben dir bringt, durch die du jeden Augenblick in eine Gelegenheit zu Wachstum und Lernen umwandeln kannst. Eine optimistische Einstellung erkennt die Samen des Wachstums in Situationen, die andere vielleicht als eine Niederlage bezeichnen würden.

Es gibt keine Fehlschläge. In Wirklichkeit hattest du dich selbst aufgegeben, und jetzt betrachtest du das als Mißerfolg. Wie beim Bergsteigen brauchst du Geduld und Zeit, um dein Idealgewicht zu erreichen. Indem du unbeirrbar an deinen Wunsch und dein Ziel denkst, machst du kleine Schritte. Niemand käme auf die Idee, auf das Matterhorn zu steigen, bevor er nicht zahllose einfachere Berge gemeistert hat und die Techniken zur Bewältigung der schwierigen Abschnitte des Berges gelernt und ausgefeilt sind. Sitzt du also immer noch am Fuße des Berges?

Eine negative Haltung in dieser Sekunde besagt: „Ich bin dazu nicht fähig. Ich gehe nach Hause und ziehe die alten, bequemen Schuhe an." Ein positiver Gedanke könnte lauten: „Was hat mich dazu gebracht aufzugeben? Anstatt alles im ersten Anlauf anzugehen, werde ich heute nur ein paar Schritte machen. Es mag wohl etwas länger dauern, aber ich werde nicht abstürzen, und ich weiß, daß ich unbeschadet ankomme. Ich tue das, was ich heute kann".

Ritual: Achte darauf,
wie deine positiven Gedanken stärker werden

Wie der Weise, so kannst auch du beobachten, wie deine positiven Gedanken stärker werden. Nimm dir zwei Tassen und ein Häufchen weißer Bohnen sowie ein Häufchen dunkler Bohnen. Stell sie in dein Büro, dein Wohnzimmer, deine Küche oder wo auch immer du während des Tages deine Zeit verbringst. Wenn du einen positiven Gedanken hast, dann lege eine weiße Bohne in die Tasse. Ein negativer Gedanke? Lege eine schwarze Bohne in die andere Tasse.

Betrachte dieses klare Bild deiner Gedanken und arbeite daran, die weiße Tasse zu füllen. Wenn ein Häufchen Bohnen aufgebraucht ist, schütte sie aus und fang von vorne an. Achte darauf, um wieviel schneller sich die weiße Tasse füllt als die dunkle, wenn du deine Gedanken auf einen Weg der Liebe richtest.

7. Schritt

Lebe in Liebe

Das Übergewicht hat seine Ursache nicht darin, daß wir unsere Hand nach Lebensmitteln ausstrecken. Es beginnt in dir, nämlich dann, wenn dein Herz deinem wahren Potential gegenüber verschlossen ist. Vielleicht ist unser Herz verschlossen, weil wir innerlich verletzt sind – durch Kindheitserinnerungen, durch derzeitige Beziehungen, durch einen Verlust, den wir einfach nicht überwinden können, oder dadurch, daß wir uns irgendwie nicht als gut genug empfinden. Was auch immer der Grund dafür ist, unser Herz ist verschlossen, und dadurch wendet sich unser Leben vom Pfad der Liebe zum Pfad der Leere und des Hungers der Seele.

Wenn unser Herz verschlossen ist, wird die Suche nach einer Verbindung zum Selbst und dem Göttlichen zu einer endlosen Tretmühle, die durch eine äußerliche Suche nach Lob und Bestätigung gekennzeichnet ist, die wir eigentlich in unserem Inneren brauchen. Wir können in die Tretmühle des Konsums geraten und das Neueste und Beste kaufen, damit andere beeindruckt sind, und um uns selbst davon zu überzeugen, daß es uns gut geht. „Schau dir all das tolle Zeug an, das ich besitze, für mich bitte nur vom Feinsten."

Aber bekommen wir auch das Feinste von uns selbst? Bringen wir uns auf die bestmögliche Weise Respekt entgegen? Lieben wir uns selbst genug, um unserem Körper und unserem Geist die gleiche Beachtung zu schenken, die wir für andere Entscheidungen in unserem Leben aufbringen?

Wenn wir uns selbst verloren haben, sind wir auch für alle anderen verloren. Lernen wir uns selbst kennen, akzeptieren wir uns vorbehaltlos und geben uns selbst das Versprechen, uns, unser innerstes, göttliches Selbst kennenzulernen und gesunden zu lassen, dann stehen uns alle Türen der Welt offen. Beziehungen können aufblühen. Wir können voll und ganz in der Welt leben. Wir machen jetzt eine Kehrtwende, um nach innen zu blicken und unserer Seele Beachtung zu schenken, um eine neue Beziehung zu uns selbst zu finden, eine neue Vertrautheit mit uns selbst und dem ursprünglichen göttlichen Selbst.

Indem wir von innen nach außen arbeiten, verstehen wir unseren inneren Weg besser. Die Lebensmittel, die wir zu uns nehmen, ernähren uns, während wir auf der Welt sind. Nahrungsmittel sind wunderbar, sie sind ein sinnlicher Teil der Geschenke, die uns die Erde bietet. Wer kann dem wunderbaren Aroma einer frischen Erdbeere widerstehen? Dem leuchtenden Orange einer dampfenden Süßkartoffel? Dem hellen Grün eines perfekt zubereiteten Brokkoli? Dies sind Erfahrungen, die wir im Laufe der Zeit genießen. Es sind Erlebnisse, die unseren Geist beleben und uns Energie für die vor uns liegende Arbeit schenken. Genieße das Leben. Genieße deine Beziehungen. Ziehe aus jedem Bereich der Erfahrung das rechte Maß an Freude. Hierin liegt die Wurzel der Zufriedenheit.

Laß los, um zu leben

Wir werfen auf drei Ebenen überflüssiges Gepäck ab: auf der körperlichen, geistigen und seelischen. Wir erreichen unser Idealgewicht, wenn wir uns vom Bedürfnis befreien, durch unseren Körper Leid erfahren zu müssen. Anstatt Nahrungsmittel zu uns zu nehmen, die wir nicht brauchen, nähren wir unsere Körper mit heilsamen Spaziergängen in der Natur, beruhigenden Duftbädern, herzlichem Lachen und Ein- und Ausatmen. Wir nähren unseren Geist und unsere Seele, indem wir kreativ und liebevoll sind und indem wir geben.

Das Loslassen besteht aus einem zweidimensionalen Vorgang. Während wir das loslassen, was wir nicht brauchen, wird uns zugleich bewußter, was wir nicht brauchen. Wir bleiben dem treu, was uns wertvoll ist, und während wir erkennen, daß es auch dann immer in unserer Nähe war, als wir es nicht sehen konnten, wird es uns dadurch noch kostbarer. Während wir loslassen und unsere Herzen öffnen, tauchen neue Gefühle auf.

Wir erleben uns und die Welt auf neue Art und Weise. Mutig springen wir in das Ungewisse. Wir geben uns unserer Sehnsucht, unseren Träumen und Wünschen hin, vertrauen auf das Unbekannte und wissen, daß unendliche Möglichkeiten unseren Weg säumen. Unser Wunsch bestärkt uns in der Entscheidung, unabhängig vom Ergebnis loszulassen und uns in die unendlichem Möglichkeiten zu ergeben, deren wir uns vorher nicht bewußt waren.

Wir geben unsere Bindung an Substanzen und Erfahrungen auf. Vorurteilslos beobachten wir uns selbst, unsere Wünsche und unseren Weg. Wir fangen an, einen besonderen Sinn in der Welt zu sehen. Wir haben unsere Zweifel und die Angst, nicht liebenswert zu sein, gebannt. Wir geben und empfangen Liebe, wir verschenken sie und werden geliebt. Es gibt in unserem Leben keinen Platz mehr für das, was nicht von der Liebe erfüllt ist. Im Folgenden findest du zwei Beispiele, wie du dich auf den Weg der Liebe begeben kannst.

Ritual: Der Liebe nahe bleiben

Wen liebst du? Wer liebt dich? Hol einen Block und schreibe die Antworten auf. Steck das Papier an deinen Spiegel im Badezimmer, deinen Kühlschrank, oder leg ihn in deine Geldbörse. Betrachte diese Boten der Liebe und erlaube dir die Erinnerung an gute Zeiten.

Ritual: Das Bild der Liebe

Stelle gerahmte Bilder von geliebten Menschen auf deinen Nachttisch. Bewahre kleine Bilder in deiner Geldbörse auf. Betrachte diese Gesichter, um dich an all die Liebe zu erinnern, die dich umgibt.

Der Zustand unserer Phantasie ist der Zustand unseres Lebens

Ich glaube, daß das Wesen unserer Seele kreativ, intuitiv, froh und genial ist. All unsere Sehnsucht und Energie stammt aus der Seele. Erinnerst du dich an die Zeit, als deine Sehnsucht nach deinem Idealgewicht nur aus einem Gedanken bestand? Dieser Gedanke wandelte sich zur Tat, und dein Körper ist verwandelt. Du kannst das Ergebnis im Spiegel sehen, seinen Ursprung nahm es aber im Inneren, in dem Teil deines Selbst, der gibt. Die ursprüngliche Vision von dir und deinem Idealgewicht ist dein Prüfstein. Wenn du jemals in alte Gewohnheiten abrutschen solltest, kannst du auf deine ursprüngliche Vision zurückgreifen, indem du deiner Phantasie freien Lauf läßt und dich selbst als schön, liebenswert und ganz betrachtest.

Deine Phantasie und deine Sehnsucht, mit deinem Idealgewicht zu leben, schaffen ein körperliches Verlangen, aktiv zu werden. Laß deiner Phantsie freien Lauf, wenn du dir dein Leben vorstellst, wie es mit deinem Idealgewicht aussehen wird. Indem du diese Gedanken aufschreibst, wann immer sie auftauchen, können sie dir in Zeiten, da dir deine Sehnsucht nicht so klar vor Augen steht, als Erinnerung dienen. Sei einfach kreativ. Du kannst soviel Freude an deiner eigenen Phantasie haben!

Erlaube dir, deine ursprüngliche Vision davon, wie es sein wird, wenn du schlank bist, zu erforschen. Du kannst deinen ursprünglichen Wunsch weiter ausbauen, indem du, während du deinem Idealgewicht näherkommst und deines Erfolges sicherer wirst, neue Einzelheiten hinzufügst.

Stell dir vor, wie du in den neuen Kleidern aussiehst, die du tragen wirst, wenn du dein Idealgewicht erreicht hast, und erfinde einen neuen aufregenden Stil für dich! Denk darüber nach, welche Farben du tragen und wie du dich fühlen wirst, wenn deinen Mitmenschen langsam auffällt, daß du dich verändert hast. Setz deine Vorstellungskraft ein, und gib der Möglichkeit einen Stoß!

Zu der Zeit, als ich mich dazu entschloß abzunehmen, waren enge Jeans sehr modern. Ich hatte nicht im Traum daran gedacht, jemals in der Lage zu sein, solche Hosen tragen und so aussehen zu können, wie ich es wollte, denn ich hatte schon immer Übergewicht. Ich hatte schon einige Wochen meines Programms hinter mich gebracht, bis ich mich vor mir selbst zu glauben traute, Jeans tragen zu können.

Eines Tages kaufte ich Jeans der Größe 36/38, meiner Wunschgröße, und entschloß mich dazu, darauf hinzuarbeiten. Ich werde nie den Tag vergessen, an dem ich sie tatsächlich über meine Hüften bekam! Das war schon mal ein Anfang, aber ich bekam noch immer den Reißverschluß nicht zu! Ich ließ mich nicht entmutigen und behielt mein Ziel im Auge. Immerhin machte ich Fortschritte! Ein paar Wochen wartete ich, probierte es noch einmal, und zu meiner großen Überraschung konnte ich den Reißverschluß hochziehen, ja sogar den Knopf oben zumachen (wenn ich die Luft anhielt und den Bauch einzog). Ich konnte mich immer noch nicht setzen, war aber auf dem richtigen Weg.

So zog ich sie also aus, hängte sie an meine Schranktür und betrachtete sie mehr als drei Wochen lang jeden Tag. Heute muß ich über mich selbst lachen, wenn ich daran denke, wie sehr ich in diese Jeans hatte passen wollen. Und eines Tages war es dann auch soweit. Ich zog den Reißverschluß hoch, knöpfte sie zu und setzte mich. Ich hatte es geschafft! Ich schaute im Spiegel an mir hinunter und stieß aufgeregt einen Freudenschrei aus.

Damals habe ich mir geschworen, nie wieder Übergewicht zu haben. Das Gefühl, mein Idealgewicht erreicht zu haben, und die Freude darüber, wie ich mich betrachtet hatte, waren zu stark, und ich wollte niemals mehr etwas anderes erleben, als stolz zu sein auf mein Gewicht und meine Fähigkeit, einen Erfolg verbuchen zu können. Ich war darauf gekommen, daß ich nicht nur mein Gewicht, sondern auch mein Leben in der Hand hatte.

Ich begann mich zu fragen, warum ich so lange gewartet hatte, und kam darauf, daß es daran lag. daß mir damals der Glaube an mich und meine Fähigkeiten gefehlt hatte. Indem ich mich vom Übergewicht befreit hatte, gelangte ich in einen bestimmten Zustand des Vertrauens und innerer Stärke. Diese Gefühle stammten aus der Quelle meiner persönlichen Kraft. Bis zum heutigen Tage bin ich niemals zu den alten Gewohnheiten zurückgekehrt, immer und immer wieder zu essen.

Deine Pfunde werden nicht zurückkommen, weil es sich um keine Schlankheitskur handelt. Bei dem, was wir machen, geht es nicht einfach darum, dein Idealgewicht zu erreichen. Du entdeckst, wie du das Leben in der inneren Gelassenheit leben kannst, von der du immer geträumt hast. Du verliebst dich in dein wirkliches Selbst.

Dieses neue Bewußtsein kann dir dabei helfen, dich deinen Ängsten im hellen Licht des Geistes zu stellen. Du fängst jetzt damit an, deinen inneren Zustand mit deinen äußeren Handlungen in Einklang zu bringen. In den kommenden Wochen wirst du sehen, wie die Veränderung in deinem Leben spontan zutage treten wird. Versuche nicht, diese Veränderung wie besessen steuern zu wollen. Deine Aufgabe ist es, tagtäglich kleine Schritte zu unternehmen und deine Ziele und Wünsche mit dem, was geschehen soll, in Einklang zu bringen.

Wenn du die alten Gewohnheiten beseitigst und dein Herz öffnest, kannst du die Möglichkeit für neue Fülle in deinem Leben schaffen. Erlaube es diesen Geschenken, zu dir zu kommen. Du brauchst nicht mehr zu leiden. Du verdienst es, dein Potential auszuleben. Du verdienst es, deine Träume zu träumen. Glaub an diese Dinge, und sie werden sich in deinem Leben widerspiegeln wie eine wunderschöne Blume in einem tiefen See der Möglichkeiten.

Erweise deine Dankbarkeit

Denke daran, daß die Dankbarkeit uns bewußt macht, wie wunderbar unsere Existenz ist. Ich „schalte" mich von Zeit zu Zeit gerne in verschiedene Bereiche meines Lebens ein, um „Danke" zu sagen.

Denk zum Beispiel nur daran, was unser Körper jeden Tag für uns tut. Unsere Füße tragen uns Kilometer um Kilometer.

Danke, ihr Füße!

In jeder einzelnen Minute und Sekunde unseres Lebens geht unser Atem automatisch immer für uns weiter.

Danke, Atem!

Unser Herz signalisiert uns Gefühle, wir weinen und fühlen uns hinterher erleichtert.

Danke, Herz!

Wir betrachten den blauen Himmel und hören die Vögel in den Bäumen singen.

Danke, Augen! Danke, Ohren!

Unser Körper ist ein lebendiges Wunder, und wir versäumen es nur allzu oft, ihm unsere Wertschätzung entgegenzubringen. Wir steigen auf der Karriereleiter auf, bauen Häuser und ziehen Kinder groß, und unser Körper steht uns auf jeder Etappe der Reise bei. Manchmal schenken wir unserem Körper nur dann Beachtung, wenn er krank oder verletzt ist. Er beherbergt unseren Geist und unsere Seele. Wenn beide nicht völlig miteinander harmonieren, leiden wir. Wenn sie wunderbar funktionieren, wenn wir für unseren Körper sorgen und dankbar für ihn sind, erleben wir einen Zustand des Einsseins, ein physisches und geistiges Zusammenspiel.

Es ist eines der aufregendsten Dinge, von denen mir Teilnehmer meiner Kurse berichten, daß sie glücklichere Menschen werden, wenn sie sich ihrem Idealgewicht nähern, und das geschieht nicht nur, weil sie Gewicht verlieren. Es geschieht auch, weil sie eine neue Art und Weise gefunden haben, sich und die Welt zu betrachten. Eine neue Sichtweise, in der sich alles, was sie tun, unter dem Licht der Dankbarkeit und der Erfüllung betrachten läßt. Anstatt die Last des Lebens zu tragen, können sie das Glück der Möglichkeit sehen.

Sei dir gegenüber dankbar für alles, von dem du weißt, daß es gut und wahr ist. Glaube daran, daß du als perfektes Wesen geschaffen wurdest, wie eine Blume, die eine Aufgabe hat: zu wachsen und zu blühen. Erlaube es deiner Lernfähigkeit, wie ein Fluß, der nie über seine Ufer tritt, sondern sanft über Steine hinweg fließt und sein Ziel folgerichtig erreicht, durch deinen Körper und deinen Geist zu reisen.

Erlebe jeden Aspekt deines Lebens anders und befriedigender als zu der Zeit, da du dich auf alte Gewohnheiten, Mittel und Botschaften aus der Vergangenheit verlassen hast, die nun deiner Verwandlung nicht mehr förderlich sind. Nicht mehr eingeengt durch Gedanken, Einstellungen und negative Emotionen, kannst du jetzt ein freieres und offeneres Leben führen.

Während du davon Abstand nimmst, andere zu verurteilen, kannst du dich nach innen wenden und jeden Tag durch Begeisterung und Freude Erneuerung finden. Du kannst deine Herzenswünsche zu deinem Wohlergehen und deiner Zufriedenheit verwandeln. Ohne Rücksicht auf das Durcheinander und die Disharmonie überall um uns herum vertrauen wir auf eine höhere Macht im Universum, die uns Gelassenheit und Frieden schenkt, weil wir an die ständige Quelle der Kraft, des Vertrauens und des Trostes glauben.

Du kannst jeden Tag üben, lernen und erfahren, wie du Belohnung durch den Glauben erfährst. Wenn noch irgendwelche alten Gewohnheiten vorhanden sind, kann sich der Lernvorgang verzögern. Du nimmst dich so an, wie du bist, erkennst, daß du immer und bei allem, was du tust, eine positive Absicht hast. Denke daran und akzeptiere, daß du damit weitermachst, das Beste von all dem zu sein, und im besten Teil deines Wesens bist du das ja schon.

Nachdem du dieses Buch zu Ende gelesen hast, wirst du über all das Wissen verfügen, das du zum Weitergehen brauchst. Du weißt, wie du Schritt um Schritt auf deine Vision zugehen kannst, gleich, was das für dich sein mag. Dazu gehört sehr viel mehr, als einfach nur dein Idealgewicht zu erreichen.

Während der von mir geleiteten Seminare herrscht in der letzten Woche immer sehr viel Freude – und auch ein wenig Angst. Fast jeder Teilnehmer oder jede Teilnehmerin nimmt ab und ist zufriedener mit der Richtung, in die ihr oder sein Leben jetzt läuft, und das ist ein Grund zum Feiern. Das Ende des Kurses macht jedoch ein wenig Angst, weil sie nun dazu aufgefordert sind, das Programm selber weiterzuführen, wie das jetzt auch von dir gefordert wird.

Dein gesunder, lebendiger Körper hat das Bedürfnis, dich dazu zu bringen, Entscheidungen zu treffen und den Entschluß zu fassen, das zu tun, wodurch du dich wohl in deiner Haut fühlst. Wir haben genug über Gedanken, Vorstellungen, Entscheidungsfindung, Liebe, das Höhere Selbst und viele andere Vorstellungen geredet, die dir Erfüllung und Zufriedenheit geben.

Dieser Lernvorgang ist etwas, das nur durch Erfahrung und Übung erlangt werden kann. Wenn du es selbst schaffen willst, in diesen Seinszustand zu kommen, dann fang an, deine Gedanken auf die Dankbarkeit auszurichten. Wenn du unerschrocken die von dir erwünschte Ganzheit anstrebst, wirst du auch die Bestätigung in Form der Ganzheit erleben. Du wirst zufrieden sein, anstatt dich nur satt zu fühlen.

Unser Körper kennt keinen Unterschied zwischen einem Erleben in der Vorstellung und einem realen Erleben. Unser Körper reagiert auf jedes Bild und jeden Ton, den wir tatsächlich erleben, an den wir uns erinnern oder von dem wir uns vorstellen, ihn zu erleben. Bevor ich auf den Skiern einen steilen Abhang hinunterfahre, stelle ich mir das Bild einer makellosen Abfahrt vor, und mein Körper glaubt dann, ich besäße diese Fähigkeit, er antwortet darauf mit Aufregung und Bereitschaft. Wenn ich mir vorstelle, eine Präsentation oder ein Interview zu geben, reagieren mein Körper und mein Gehirn spontaner und mit mehr Energie.

Ich erzeuge ein Muster, dem mein Gehirn folgen kann, und wenn ich daran glaube und völlig davon überzeugt bin, wird mein Körper entsprechend reagieren. Wenn ich jeden Morgen aufwache und mir vorstelle, mein Idealgewicht zu haben, mich auf eine Art und Weise zu ernähren, durch die diese Vision gestützt wird, und wenn ich auf die Mitteilungen meines Geistes achte, dann habe ich einen Samen gesät, der im Laufe des Tages wachsen wird.

Suchet und ihr werdet finden

Ein Mensch, der ständig auf der Suche ist, wird selten völlig glücklich sein. Diejenigen, die ständig finden, sind gewöhnlich auch diejenigen, die Erfüllung und Zufriedenheit im täglichen Leben finden. Das Finden ist nicht etwas, das einfach passiert. Es ist eine Haltung, zu deren bewußter Kultivierung wir uns entschließen können. Der Unterschied zwischen dem Suchen und dem Finden besteht darin, daß Suchende die Augen immer auf den Horizont gerichtet haben; fragst du sie aber, wo sie sich gerade befinden und was sie seit gestern erlebt haben, können sie keine Auskunft geben. Bei ihnen dreht sich alles um die Unzufriedenheit und darum, was sie noch tun müssen, ehe sie zufrieden sein können.

„Ja, ich bin zufrieden, aber …!"

„Natürlich bin ich erfolgreich, aber …"

„Ja, andere Menschen sagen, ich besitze gute Eigenschaften, aber…"

Auch die Augen derjenigen, die finden, sind auf den Horizont gerichtet. Auch sie haben Visionen, die sie verwirklichen wollen, sie wissen aber auch ganz genau, wo sie sich heute befinden. Sie wissen die Reise, auf der sie sich befinden, zu schätzen. Sie wissen, daß sie von weit her kommen, daß dieser und jeder einzelne Tag einen Erfolg darstellt, der so groß ist wie der Augenblick, an dem sie ihre Vision am Horizont erreichen.

Durch die Schritte auf dem Weg entsteht der Wille weiterzumachen. Du kannst dich dazu entschließen, ein Entdecker zu werden. Es ist ein Zustand, in dem du deine Vorsätze gegenüber dir selbst und deinem

Leben erfüllst. Auch wenn du nur kleine Schritte auf dein Ziel zu machst, kannst du dich durch ihn motivieren, Fortschritte zu machen. Wenn du dich niedergeschlagen fühlst oder einen schweren Tag gehabt hast, und wer kennt das nicht, dann STOP. Frage dich:
1. Wie kann ich finden, was ich suche?
2. Wie will ich mich heute abend fühlen?
3. Wie habe ich den Zustand des absoluten Wohlbehagen früher empfunden?
4. Wie habe ich gemerkt, daß ich mich tatsächlich wohl fühle?

Ein neuer Anfang

Das Geheimnis, wie du dein Idealgewicht beibehältst, liegt darin, zu wissen, was du wirklich brauchst. Dazu mußt du deine Gefühle genau beobachten, sie untersuchen und sogar bei denjenigen Gefühlen entspannt sein, die versuchen, deinem authentischen Selbst, dem Selbst, das du zu sein wünschst, eine Botschaft zu schicken. Um diese Gefühle zu finden, schälen wir diese Schichten aus Vorurteilen und Kritik heraus, um das liebende, alles annehmende Selbst in unserem Inneren, das göttliche Selbst, zu finden. Das Selbst entzündet Funken aus Gefühlen. Unsere Erfahrungen und Erinnerungen entzünden Funken aus Gefühlen. Unsere alles wissenden, weisen Herzen schicken uns Funken aus Gefühlen.

Du wachst auf, siehst die Sonne scheinen und beginnst zu lächeln. Du triffst eine Freundin, und sie erzählt dir ein paar gute Neuigkeiten. Du fühlst einen Schauer der Freude. Dann klingelt das Telefon, und du erfährst, daß eine Freundin erkrankt ist. Deine Freude weicht der Traurigkeit und Sorge um deine Freundin, den Gedanken, was du tun kannst, um deiner Freundin zu helfen, der Hoffnung, daß sie bald wieder gesund ist, und der Dankbarkeit für deine eigene Gesundheit. Vielleicht fühlst du dich von den Neuigkeiten überwältigt und bist ängstlich. Was wird ihr die Zukunft bringen? Was wird dir die Zukunft bringen? Das kann man nie wissen.

So viele Emotionen. Diese Funken mischen sich in uns und erzeugen neue Vorstellungen und neue Überzeugungen. Diese Funken können uns lähmen. Diese Funken können uns auch dazu bringen, neue Entscheidungen zu fällen. Diese Funken können uns auf einen Weg der Liebe und der Veränderung bringen.

Du bist auf der Suche nach Glück, Frieden und Zufriedenheit. Du bist genauso wie ich. Wir sind gleich. Während du dieses Buch liest, sind wir miteinander verbunden. Manchmal haben wir nur eine schwache Erinnerung an unsere Verbindung, wir sind aber immer noch zusammen.

Auf unserer Suche sind wir alle von Zeit zu Zeit vom Weg abgekommen, oder zumindest dachten wir, uns verirrt zuhaben. Tatsächlich kamen wir aber an eine Straßenkreuzung oder waren verwirrt. Wir bekamen es mit der Angst zu tun. Wir hatten Angst vor uns selbst, Angst, daß wir nicht fähig wären, unsere Träume zu leben, Angst, es noch einmal zu versuchen. Wir haben fast aufgegeben, weil uns das leichter erschien als weiterzugehen. Und dann …

Etwas in uns selbst schrie um Hilfe, sehnte sich nach mehr Verständnis. Wir wagten nicht zu fragen, wer dieser Mensch ist, der da nach Hilfe schreit. Wer bin ich wirklich? Bravo, kleiner Vogel, du bist jetzt bereit, deine Flügel auszubreiten und immer höher zu steigen. Ein kleiner, weicher und zerbrechlicher Federball entwickelt die Freiheit zu fliegen. Du entwickelst die Freiheit, du selbst zu sein. Äußerlich hast du alles ausprobiert. Du hast die Meinung anderer darüber gehört, was für dich am besten sei.

Es war aber nicht das Beste für dich, und du hast erkannt, daß die Botschaften aus deinem Herzen dich auf den dir vorbestimmten Weg führen. Du, das kleine Vögelchen, bist der Samen, der im Universum ausgesät wurde. Er wurde mit Liebe gesät, in Liebe empfangen, er ist ein lebendiges Wunder.

Du hast mehr Fähigkeiten, als du dir jemals erträumt hast. Du bist ein Edelstein mit vielen Facetten. Du bist nicht nur das, was du glaubst, nicht nur das, was du tust. Du bist mehr als die Summe deines Körpers, deiner Gewohnheiten, deiner Rolle als Mutter, Vater, Kind und Angestellter. Du bist eine Knospe, die zu erblühen bereit ist. Du bist bereit und willens, zu lernen, dich zu wandeln und herauszufinden, wer du wirklich bist. Und du bestehst einzig und allein aus Liebe.

Sieh dich um. Schau in dich hinein. Höre auf dein Herz.

Meine Kreativität durchströmt mich.

Ich höre auf die göttliche Botschaft, die mein Inneres, mein Höheres Selbst mir schickt.

Indem ich lerne und mich Schritt für Schritt entwickle, erreiche ich alles, was ich will.

Es wird ein guter Tag.

Heute ist der „Tag der neuen Schuhe".

Nichts geht verloren, alles wandelt sich.

Ich wandle mich jeden Tag.

Ich schwebe auf Wellen der Freude.

Literaturverzeichnis

Borysenko, Joan: The Power of the Mind to Heal. Hay House Publishing.

Chopra, Deepak: Wege aus der Sucht (Overcoming addictions) Lübbe, Bergisch Gladbach 1999.

Chopra, Deepak: Endlich das ideale Gewicht (Perfect weight) Lübbe, Bergisch Gladbach 1996.
(Auch als Taschenbuch unter dem Titel „Das Gewicht, das zu mir paßt" bei Heyne, München 1998).

Chopra, Deepak: Lerne lieben, lebe glücklich (The path of love) Lübbe, Bergisch Gladbach 1998.
Alle Kraft steckt in dir. Lübbe, Bergisch Gladbach 1996.
Die natürliche Verdauung. Heyne, München 1998.
Die unendliche Kraft in uns. Heyne, München 1994.
Dein Heilgeheimnis. Heyne, München 1995.
Gesundheit aus eigener Kraft. BLV, München 1960.
Länger leben und jung bleiben. Lange, Düsseldorf 1995.

Pema Chödrön: When Things all Apart. Shambhala, Boston and London.

In welcher Beziehung stehen Geist und Körper zueinander? Dies ist die Frage, die sich die Menschen seit Jahrhunderten stellen.

Durch mentales Training (Umändern der Denkensweise), das für jedermann erlernbar ist, haben bereits Tausende in dem Marywell-Seminaren (seit 1987 in der Schweiz) ihr individuelles Ziel von ihrem Idealgewicht erreicht.

Diese „Mental-Traningsmethode" wurde von Fachleuten wie Mary Bray ausführlich dokumentiert und damit der Öffentlichkeit zugänglich gemacht.

Die Kontrolle über sich selbst wird wieder hergestellt und damit die innere Zufriedenheit sowie ein neues Selbstbewußtsein erlangt.

Die Ziele der Marywell-Seminare sind:
1. Ein fröhlicher und gesunder Lebensstil in Freiheit,
2. Befreit von ungewollten Gewohnheiten und Glaubensmuster,
3. Loslassen des schlechten Gewissens,
4. Selbstachtung und Selbstbewußtsein,
5. Idealgewicht ohne Leiden, ohne Diät,
6. Das Idealgewicht für immer behalten.

Aussagen von Seminarteilnehmern:
Dank der Umstellung meiner Eßgewohnheiten habe ich vor 2 Jahren 10 kg abgenommen. Ich fühle mich heute viel besser, habe mehr Energie und habe auch kein Problem, mein Gewicht dank der Marywell-Methode zu behalten.   Traccy Walther

In 5 Monaten habe ich 18 kg abgenommen, ohne Leiden, ohne spezielle Diät. Meine Blutwerte wie Cholesterin, Triglyceride sind wieder auf dem Normalwert, und ich habe keine Probleme mehr mein Gewicht zu halten. Ich wünsche nur, ich hätte Marywell schon früher kennengelernt.   Susi Hediger

Weitere Bücher von Mary Bray: Für immer schlank; Liebes schlechtes Gewissen –Der wunderbare Weg

Kontaktadresse und Informationen über Mary Bray-Seminare:
Mary Bray
Kirchplatz 2, CH 8607 Seegraben
Web: www.mindbody-marywell.com
email: mstalderbray@access.ch
Fax: (00 41) 19 32 57 49

Glücklichsein ist die beste Vergeltung

Die Kunst des Loslassens

Chuck Spezzano

152 Seiten, gebunden, **2. Auflage** – ISBN 3-928632-21-3

Auch dieses Buch von Chuck Spezzano informiert den Leser über die wichtigsten Lebensregeln zum Glücklichsein. Es hilft, die unterbewußten Blockaden zu erkennen und aufzulösen, die inneren Hindernisse aus der Psyche zu überwinden und in der Erfahrung der wunderbaren Seelenkräfte der Liebe sein wahres Lebensglück und seinen Lebenssinn zu finden. Unverarbeitete Geschehnisse und Gefühle kommen ins Bewußtsein und können geheilt werden. Widerstände aus verdrängten, ungelösten Ereignissen, Schmerz, Schuldgefühle und Angst werden durch Erkennen und Übung aufgelöst. Vertrauen und Selbstbewußtsein wachsen, Krankheiten heilen, neue Schritte für die Selbstwerdung und Bewußtseinserweiterung werden sichtbar. Sie werden in einem 30-Tage-Programm vermittelt. Jedes Kapitel wird mit einem Angebot von Übungen abgeschlossen, die die gewonnenen Einsichten in konkrete Übungsschritte umsetzen.

Karten der Erkenntnis

auf dem Weg nach innen

Das Buch der Erkenntnis

Chuck Spezzano

48 künstlerisch gestaltete Karten, Buch: 144 S., **3. Aufl.,** ISBN 3-928632-32-9

Wollen Sie mehr Selbsterkenntnis gewinnen, persönliche Ziele und verborgene Wünsche erkennen, die Beziehungen im Privat- und Berufsleben verbessern, Ursachen für Probleme herausfinden und auflösen, Hindernisse auf dem Weg nach innen beseitigen? Dann sind die Karten der Erkenntnis und deren Erklärung eine große Hilfe. Sie sind einfach zu benutzen, hilfreich und inspirierend. Ganz gleich, ob Sie „sofortige Antworten" auf alltägliche Fragen oder langfristige Lösungen für die großen Herausforderungen des Lebens suchen, es wird Ihnen und Ihren Freunden helfen, positive Entscheidungen zu fällen und Veränderungen für eine bessere Zukunft herbeizuführen. Im beiliegenden Buch der Erkenntnis findet der Leser den Schlüssel zum Verständnis und zur Verwendung der Erkenntnis-Karten. Chuck Spezzano erläutert im einzelnen die Bedeutung aller 48 Karten und erklärt eine Vielzahl von Möglichkeiten, mit ihnen zu arbeiten und sie zu deuten. Außerdem werden über zehn verschiedene Legesysteme beschrieben.

Die kommunikative Kraft der Liebe

Barbara Mettler-v. Meibom

Broschur, 208 Seiten, 10 Abb., ISBN 3-928632-66-3

Unsere Gesellschaft bietet eine Fülle neuer Kommunikationsmedien und dennoch nehmen Einsamkeit und Rücksichtslosigkeit im privaten und beruflichen Alltag ständig weiter zu. Auf der Suche nach einem Weg aus diesem Dilemma unterscheidet die Autorin Prof. Barbara Mettler-v. Meibom zwischen zwei grundlegenden Aspekten in Kommunikationsbeziehungen: der *communicatio* und der *communio*.

Letztere erwächst für sie aus der kommunikativen Kraft der Liebe. Wie kann sie verwirklicht werden? Bei der Beantwortung dieser Frage läßt sich die Verfasserin u.a. von der indischen Philosophie der Vedanta anregen. Sie zeigt in eindringlichen Bildern und Geschichten über Menschen und Alltagserfahrungen, welche Chancen und Möglichkeiten bestehen, wenn wir uns von der kommunikativen Kraft der Liebe leiten lassen. An die Stelle des Gefühls von Trennung und Einsamkeit kann das Wissen um die Einheit alles Lebendigen, deren Erfahrung und die Verantwortung für uns selbst und die Schöpfung treten.

Finde deine Ganzheit wieder

Mind Bridging – die Dynamik Holographischer Psychologie

Maria de Rocha Chevalley

ca. 376 Seiten, gebunden – ISBN 3-928632-58-2

Wir können unsere Ganzheit wiedererlangen, indem wir Teilstücke unseres Geist-Körpers wieder miteinander verbinden. Das geschieht durch den kreativen Umgang mit unseren Geist-Hologrammen, unseren Bewußtseins-Brücken. So stellen wir die Verbindung zu Unschuld, Spontaneität, Liebesfähigkeit, Mut und echter Lebensfreude wieder her. So entsteht wahrer Frieden in unserem Geist!

Indem die Verfasserin aus ihrer therapeutischen Arbeit heraus die Tiefe des holographisch-analytischen Geist-Körpers mit Hilfe ihrer intensiven persönlichen Erfahrungen durch zahlreiche praktische Übungen und hilfreiche Erklärungen auslotet, erklärt sie auf verständliche Art und Weise, was *Holographische Psychologie* und *Mind-Bridging-Dynamik* bedeuten. So ist dies nicht nur ein Buch für Psychologen, sondern für alle, die auf dem Weg zu sich selbst sind. Dieses Buch beschreibt einen neuen Weg.

Selbsterkenntnis und Heilung

Die Auflösung der emotionalen Energieblockaden

Jordan P. Weiss

232 Seiten, gebunden, 21 Zeichnungen – ISBN 3-928632-28-0

Die in diesem Buch dargestellte Methode „Psychoenergetics" wurde von Dr. Jordan Weiss entwickelt, einem Spezialisten auf den Gebieten Streßbewältigung, Verhaltensmedizin, Personaler Transformation und chronischer Erkrankungen. Diese Methode schafft Zugang zu dem unbewußten Selbst und läßt Sie verborgene, falsche Denk- und Verhaltensmuster entdecken und auflösen, die Sie daran hindern, alle positiven Möglichkeiten des Lebens auszuschöpfen und ein glückliches Dasein zu führen.

Mit den Methoden der „Psychoenergetics" können Sie folgendes erlernen: Ärger, Angst und Unsicherheit freizusetzen; Blockaden zu entdecken, die Sie am Erreichen Ihrer Ziele hindern; Selbstsabotage zu eliminieren; sich von Schmerzen zu befreien; Schmerzen bei Menschen zu lindern, die Sie lieben; Liebe und Glück zu empfangen und negative Energien aufzulösen.

Aura Soma Farblexikon

Praxisbuch für Lichtarbeitende

Elsbeth Devi Kaegi Maurer

392 Seiten, geb., 32 farbige Seiten, 1 Plakat,
ISBN 3-928632-46-9

Das praktische Handbuch der Aura-Soma-Therapie ist für jeden eine wertvolle Hilfe, diese Farb-Licht-Heil-Methode in umfassender Weise kennenzulernen und anwenden zu können, gleich ob er Therapeut, Lehrer, Praktizierender ist oder ob er sie für sich selbst benutzt.

Das **„Farblexikon"** verbindet auf einzigartige Weise das ganzheitliche Wissen über die Farben mit dem Tarot, den Chakras, dem I Ging und der Numerologie. Es ermöglicht den schnellen Zugriff zu den geeignetsten Aura-Soma-Equilibriumflaschen, Pomander und Quintessenzen. Über 20 übersichtliche Tabellen für viele wichtige Lebensbereiche und für die Heilung von Krankheiten mit entsprechenden Affirmationen ergänzen jedes andere Aura-Soma-Buch.

Das **„Praxisbuch"** mit den Selbstanalysen „Chakra Body" und „Partnerschaft" vermittelt einen einzigartigen und wirkungsvollen Weg, negative Muster und Blockaden zu erkennen und aufzulösen.

„Das Lexikon ist die Antwort auf unzählige Fragen – es bringt Licht in das komplexe Soma-System." Mike Booth)

Die Vision vom göttlichen Menschen

Eine spirituelle Weg-Begleitung in das neue Jahrtausend

Barbara Schenkbier

Paperback, 424 Seiten, 21 ganzseitige Bilder – ISBN 3-928632-68-X

Prachtband: 424 Seiten, geb., Einband Kunstleder mit Goldaufdruck,
21 ganzseitige Bilder, Zweifarbendruck – ISBN 3-928632-18-3

Das Buch ist ein umfassendes Standardwerk, das den Durchbruch einer neuen Evolutionsstufe im menschlichen Bewußtsein des Menschen vorbereiten hilft. Aufbauend auf wissenschaftlichen Erkenntnissen und der mystischen Tradition aller Religionen führt es zu einem tieferen Wissen über das menschliche Bewußtsein, um dann den Weg zum göttlichen Menschen zu beleuchten. Alle wichtigen Schritte werden beschrieben, wesentliche Übungen aus einer neuen Sicht heraus dargestellt und die Transformationsstufe zu einem neuen Bewußtsein geschildert. Beim Lesen und Anwenden der beschriebenen Wahrheiten eröffnet sich dem Leser eine neue Sicht über den Sinn des Lebens. Alle, die den geistigen Weg beschreiten, werden ihn besser verstehen, ihn bewußter, mutiger und konsequenter weitergehen.
Das Buch ist aus der eigenen, spirituellen Erfahrung der Autorin heraus geschrieben und eröffnet den Blick in eine Zukunft, die die evolutionäre Schöpferkraft selbst schaffen wird.

Suche nach der Wahrheit

Wege – Hoffnungen – Lösungen

Willigis Jäger

232 Seiten, gebunden, **2. Auflage** – ISBN 3-928632-41-8

Spirituelle Weisungen aus der Sicht des Mystikers

Wer bin ich? Woher komme ich? Warum bin ich? Welcher Weg führt zur Wahrheit? Welches Leben eröffnet Sinn? Nur in der Tiefe unseres Seins gibt es eine wahre Antwort auf diese bohrenden Fragen. Um sich dieser Wahrheit zu nähern, wurde dieses Buch geschrieben. Der Verfasser begleitet den Leser auf der Suche nach der Wahrheit. Alle wichtigen Themen des spirituellen Lebens werden behandelt und zur christlichen Mystik, zu den Erkenntnissen der Naturwissenschaften und der Transpersonalen Psychologie in Bezug gesetzt. Ein spiritueller Meister unserer Zeit hat den Mut, grundlegende Glaubensinhalte des Christentums aus der Sicht des Mystikers neu zu interpretieren. Er will die Erkenntnis vermitteln, daß allein die religiöse Erfahrung zu den Quellen der Religion führen und so mithelfen kann, daß das kommende „Jahrhundert der Metaphysik" für alle Religionen eine Zeit der Regeneration wird.

Die Weisheit der Gefühle

Metafähigkeiten – die spirituelle Kunst in der Therapie

Amy Mindell

192 Seiten, gebunden – ISBN 3-928632-45-0

Ein neues Verstehen der Wirkung von Gefühlen

Warum sind die einen Therapeuten erfolgreich, andere nicht?
Amy Mindell nennt das, was eine Therapie und einen Therapeuten erfolgreich macht, Metafähigkeiten (Metakills). Sie geht davon aus, daß unter allen unseren Verhaltensweisen gefühlsmäßige Einstellungen und Muster liegen, die nicht nur unser ganzes Verhalten im Alltag, sondern auch den Verlauf einer Therapie, ihren Erfolg oder Mißerfolg, bestimmen. Und weil sie nicht nur den Menschen prägen, die sich einer Therapie unterziehn, sondern auch den Therapeuten, sind sie für den Verlauf einer Therapie so entscheidend. Die Kenntnis dieser Zusammenhänge ist hilfreich für jeden zur Bewältigung des Alltags und zum Gelingen einer jeden Therapie.

Theorie und Praxis des Hatha-Yoga

Ein Leitfaden zur Erfahrung der Energie

Boris Tatzky, Anna Trökes, Jutta Pinter-Neise

Großformat, gebunden, 320 Seiten, 270 Fotos und 60 Zeichnungen,
2. Auflage, ISBN 3-928632-15-9

„Theorie und Praxis des Hatha-Yoga" entstand aus dem Bedürfnis nach einem Yogabuch, das fundiert und leicht verständlich die Hintergründe des Übungsweges erläutert, der im Westen von so vielen Menschen geübt wird.

- Inhaltlich bietet es einen Übungsteil, der über die reinen Körperhaltungen des Hatha-Yoga hinausgeht.
- Energielenkungen zur Vertiefung der Wirkungen,
- eine detaillierte, stufenweise Beschreibung der wichtigsten Yogahaltungen (āsana) mit der entsprechenden Atemlenkung (prāṇāyāma),
- Konzentrationstechniken, die typisch für den Hatha-Yoga sind.

In klarer und verständlicher Sprache werden die Konzepte unterschiedlicher Qualitäten der Energie (guṇas), der Körperhüllen (kośas) und der Energiezentren des Körpers (cakras) erläutert. Die Verfasser zeigen, wie die Lebensenergie durch bewußten Einsatz im Alltag und auf der Yogamatte geleitet und verstärkt werden kann.

Aus der Mitte des Herzens lauschen

Eine visionäre Annäherung an die
Craniosacral-Therapie

Hugh Milne

Gebunden, Großformat, 21 x 29,7 cm,
Band 1, 224 Seiten, 46 Graphiken, 9 Fotos   – ISBN 3-928632-54-X
Band 2, 344 Seiten, 238 Graphiken, 125 Fotos – ISBN 3-928632-62-0

Der Verfasser führt den Leser ein in die Geschichte visionärer craniosacraler Arbeit – ihrer Entstehung, Entwicklung, Philosophie und Praxis. Der Autor erklärt, wie eine Erdung in Meditation, sensitive Berührung und intuitive Wahrnehmung zu einer bemerkenswerten Entfaltung der eigenen Fähigkeiten führen kann. Die schamanischen Wurzeln, die die craniosacrale Arbeit mit allen Formen heilender Berührung teilt, – ob Massage, Tiefengewebsarbeit, Energie-arbeit oder Handauflegen –, werden genauso dargestellt wie der Auftrag des Heilers, die Entwicklung von Wahrnehmung und Intuition und visionärer Diagnose. Der zweite Band von *„Aus der Mitte des Herzens lauschen"* enthält Einzelheiten über die Anatomie, Physiologie sowie die Energien und Techniken, die das wesentliche Herzstück visionärer craniosacraler Arbeit ausmachen. „Ein wunderbares Buch. So viele Weisheiten und Bücher in einem Buch." (Betty Balcombe)

Die zwölf Grade der Freiheit

Christian Larsen

320 Seiten, 324 Illustrationen, Fotos und künstlerische Umsetzungen, Großformat, Zweifarbendruck, ISBN 3-928632-16-7

Einem Bildhauer vergleichbar, gestalten Sie zeitlebens Ihren eigenen Körper. Nur verwenden Sie Bewußtsein und Bewegung anstelle von Hammer und Meißel.

Die Spur führt zur verblüffenden Wiederentdeckung des Selbtverständlichen. Die Bewegungen des Menschen folgen denselben Prinzipien von Raum und Zeit, von Energie und Materie, welche Bewegungskoordination überall in der Natur bestimmen. Der Mensch – ein „Stück Universum".

Dieses Buch schult Ihr Auge in Wort und Bild. Sie werden sich selbst und andere mit anderen Augen betrachten lernen. Der „diagnostische Blick" erlaubt Ihnen zu erkennen, was koordiniert ist und was nicht. Darauf basierend finden Sie ein vierstufiges Übungsprogramm, das Ihren Alltag zur wirkungsvollen Übung werden läßt.

Sie werden ein wissenschaftliches Kunstbuch besitzen – einzigartig in seiner Art. Es verdichtet, was Sie schon immer über Bewegung wissen wollten, zu persönlichen Erkenntnissen. Ein bewegendes Buch, an dem kein Weg vorbeiführt.